Sophia und Johannes Baader

Gärtnern mit der Kraft des Mondes

Sophia und Johannes Baader

Gärtnern
mit der Kraft des Mondes

Inhalt

Gartenwissen, die Kenntnis der Mondeinflüsse und Freude an den Pflanzen verhelfen zu einem üppig blühenden, fruchtbaren Garten.

Das Geißblatt, eine beliebte, schnell wachsende Kletterpflanze.

**Aztekischer Kalender-
stein mit dem Mond
als zentrales Gestirn.**

Rosen gehören
seit 2000 Jahren zu
den Klassikern im
Ziergarten.

Das neue Gärtnern mit dem Mond

Naturgemäß zu gärtnern ist heute der Wunsch vieler Menschen. Der immense Fortschritt in Naturwissenschaft und Technik hat zwar viele neue Erkenntnisse gebracht und landwirtschaftlichen Betrieben mit Hilfe von Kunstdüngern, Pestiziden und Monokulturen zu Ertragssteigerungen verholfen. Doch durch solche massiven Eingriffe in den Naturhaushalt wird das Gleichgewicht der Natur durcheinander gebracht.

Kein Wunder also, dass viele Menschen nach neuen Wegen suchen – hin zu einer mehr ganzheitlichen Sicht des Lebens. Auf dieser Suche besinnen sie sich auf jahrtausendealtes Wissen über naturverträgliche landwirtschaftliche Methoden. In der Urgesellschaft wurde das Universum als Gesamtheit gesehen. Bei allen Tätigkeiten beachtete man auch die Einflüsse der Himmelsgestirne auf das Werden und Wachsen der Lebewesen – als einen Ausdruck der Götter und in der tiefen Überzeugung, der große himmlische Kosmos sei eine Chiffre für den kleinen Kosmos auf der Erde. Man muss die Zeichen nur zu deuten wissen.

Am Anfang war der Mond

Der Mond verkörpert die mythischen Gegenpole Licht und Dunkelheit, die miteinander um die Herrschaft ringen und abwechselnd im Kampf die Oberhand gewinnen.

Am Tag spendet die Sonne am Firmament über uns Wärme, in der Nacht leuchten die Sterne, und der Mond gleitet in seiner wandelbaren Gestalt über den Himmel. Durch sein zyklisches Zu- und Abnehmen symbolisiert der Mond den Lauf allen Lebens. Aus dem Nichts des Neumonds heraus erwacht neues Leben und schwillt langsam an. Bei Vollmond ist der Höhepunkt der Lebenskraft erreicht. Er ist gleichzeitig ein Wendepunkt, denn nun beginnt das langsame Vergehen bis zum Erlöschen – bis zum Neumond, mit dem der Kreislauf erneut beginnt.

Als Zeitgeber und als Wetterprophet spielte der Mond schon immer eine wichtige Rolle, und die verschiedenen Aspekte der lunaren Kräfte können auch heute noch für eine naturverbundene Gartenarbeit genutzt werden. Die Erkenntnisse über die Phasen und Zyklen des Mondes sind uraltes Wissen – sie haben die Menschheit über die Jahrtausende begleitet.

Götter und Dämonen

Für die vielfältigen Geschehnisse in der Natur waren nach dem Verständnis unserer Vorfahren höhere Mächte verantwortlich. Wettererscheinungen, Geburten, Todesfälle und andere »Naturereignisse« waren von den Launen der Götter und Dämonen abhängig.

Jedes Volk hatte seine eigenen Gottheiten und Riten, doch bei allen Unterschieden gab es auch viele Gemeinsamkeiten. Die Verehrung der Wetter-, Sonnen- und Mondgötter findet man in fast allen alten Kulturen. Nicht immer war es der hell strahlende Sonnengott, dem die höchste Achtung gezollt wurde. Bei den Babyloniern galt der Mond als Vater der Götter. Der Sonnengott, als Spross des Mondgottes, führte den Namen »der Diener« oder »der Untergebene«. Die Bevorzugung des Mondes beruhte zum großen Teil darauf, dass sein Licht die Karawanen sicher durch die Wüste geleitete. Denn man reiste am liebsten nachts, wenn es angenehm kühl war. Die Sonne hingegen verbrannte mit ihrer Glut die Vegetation und brachte Hungersnöte und Seuchen. Die erlösende Kühle der Nacht und der Aufgang des Mondes bedeutete deshalb für die Babylonier den Anfang eines neuen »Tages«.

Auch bei den südamerikanischen Indianern war der Mondkult wichtiger als die Sonnenanbetung. Sein Licht half den Männern, bei der nächtlichen Jagd die Beute aufzuspüren.

Der Lauf der Gestirne

Die Menschen verehrten diese am Firmament sichtbaren Gottheiten, was zum Studium der Bewegungen und Erscheinungsformen aller Himmelskörper führte. So dienten beispielsweise die

Aztekischer Kalender-
stein mit dem Mond
als zentrales, alles
bestimmendes Gestirn.

monumentalen Steinsetzungen von Stonehenge in Südengland und Carnac in der Bretagne zur Verehrung des Sonnengottes und der Mondgöttin und gleichzeitig zur Bestimmung des Sonnen- und Mondstandes. Vom Mittelpunkt der Steinringe aus kann man die Auf- oder Untergangspunkte der Sonne am Horizont beobachten. Dadurch ist es möglich, die Winter- und Sommersonnenwende sowie die Tagundnachtgleiche zu bestimmen.

Astronomische Phänomene wurden in Keilschrift auf Ziegel- und Steintafeln festgehalten, und Mondfinsternisse und bestimmte Planetenkonstellationen galten als Vorboten von Hungersnöten oder reichen Ernten, von Krieg oder Frieden und vielem anderem mehr.

Die Bestimmung der Zeit

Um Ackerbau und Viehzucht regeln zu können, war die Kenntnis über den Verlauf der Zeit und die Wiederkehr der Jahreszeiten wichtig. Die Zeit von einem Neumond zum nächsten bot die einfachste Möglichkeit, in größeren Zeitabschnitten zu rechnen. Aus zwölf dieser Zyklen entstand das Mondjahr, das 354 Tage dauert. Da die Zeit von Neumond zu Neumond im Durchschnitt 29,5 Tage beträgt, war es schwierig, einen Kalender so einzurichten, dass jeder Monat mit dem neuen Mond begann. Außerdem ist das Sonnenjahr um etwa elf Tage länger als das Mondjahr. Damit sich also der Jahresanfang, gemessen an der Frühjahrs-Tagundnachtgleiche, nicht zu sehr verschiebt, musste der Kalender immer wieder angeglichen werden.

Die Kräfte des Mondes waren nicht nur positiv: In manchen Kulturen hat der böse Geist seinen Sitz im Mond, und die Zauberei sollte durch lunare Kräfte unterstützt werden.

In Ägypten, China und bei den Azteken und Mayas wurde der Mondkalender schon früh eingeführt. Die Kalenderkunde als wohl älteste Wissenschaft überhaupt durfte nur von hohen Priestern ausgeübt werden. Sie besaßen die Macht über Orakelsprüche, die bei bestimmten Sternenkonstellationen zu beachten waren. Die Kalenderbücher enthielten die Vorhersagen der Priester, deshalb wurden sie auch als Schicksalsbücher bezeichnet.

Die Astrologie

Aus der Beobachtung, an welchem Punkt des Himmels an jedem einzelnen Tag des Jahres der Mond steht, wurde schon um 700 v. Chr. von den Babyloniern ein erster Mondwegtierkreis mit 15 Sternbildern beschrieben. Er bestand aus elf der heute verwendeten Tierkreiszeichen – nur der Widder fehlte noch – und vier zusätzlichen Sternbildern.

Um 500 v. Chr. war man in der Lage, die Stellungen des Mondes, der Sonne und der damals bekannten Planeten vorherzuberechnen. Der Himmel wurde in zwölf gleiche Segmente zu je 30 Grad eingeteilt und jedem davon ein Sternzeichen zugeordnet. Die Sternzeichen waren Markierungspunkte für den Lauf der Sonne durch das Jahr und standen für bestimmte Jahreszeiten. Der Tierkreis, wie wir ihn heute noch verwenden, war im wesentlichen geboren.

Die Griechen teilten den Tierkreis in vier gleichseitige Dreiecke (Trigone) ein und ordneten jedem eines der vier Urelemente (Erde, Wasser, Luft, Feuer) und jeweils zwei der vier Grundqualitäten (warm, kalt, trocken, feucht) zu.

Der Mond als Herrscher über das Werden und Vergehen

Der Mond war schon zu Urzeiten ein Symbol für den Rhythmus des Werdens und Vergehens. Da auch das Leben auf der Erde einem ständigen Prozess des Wachsens, Alterns und Sterbens unterworfen ist, wurde der Mond zu einem himmlischen Darsteller des Schicksals aller Wesen – der Menschen, der Tiere und auch der Pflanzen.

Titelblatt eines historischen immer währenden Kalenders mit der Darstellung römischer Gottheiten, die wichtigen Planeten ihre Namen gegeben haben.

Mond und Landwirtschaft

Im Lauf der Jahrtausende, in denen der Mensch Landwirtschaft betreibt, wurden Erkenntnisse und Erfahrungen über die wirkungsvollsten Methoden beim Anpflanzen und Ernten der Früchte des Feldes gesammelt und von Generation zu Generation weitergegeben. Dazu gehörte auch die Beobachtung der komplizierten Zusammenhänge, die das Wetter beeinflussen – vor allem die Rolle, die der Mond dabei spielt. Damit versuchten unsere Ahnen, Prognosen über das kommende Wetter abzugeben und den günstigsten Zeitpunkt für landwirtschaftliche Tätigkeiten zu bestimmen. Das war für sie eine Frage des Überlebens: Denn ein einziger Kälteeinbruch konnte eine zu frühe Ansaat vernichten – wartete man aber zu lange, reiften die Früchte womöglich nicht mehr aus.

Vorhersage von Wetter und Aussaatterminen

Die Erstellung persönlicher Horoskope und die Vorhersage wichtiger Ereignisse ist ein Hauptanliegen der Sternkundigen. Sie glauben, dass auch Wetterereignisse und Aussaattermine durch die Herrschaft eines bestimmten Himmelskörpers, die Stellung der Planeten zueinander oder das Erscheinen von Kometen beeinflusst werden. So wurden in Mondhoroskopen, die sich auf den Mondstand in den Tierkreiszeichen bezogen, nicht nur Geburten, Geschäfte, Reisen und Krankheiten, sondern auch günstige Termine für landwirtschaftliche Arbeiten vorhergesagt.

An einem Lostag soll sich das Wetter für die kommende Zeit entscheiden. Es gibt 84 Lostage im christlichen Kalender, wie Mariä Lichtmess (2. Februar), die Eisheiligen (12. bis 15. Mai), die Schafskälte (10. bis 20. Juni) und Siebenschläfer (27. Juni).

Weit verbreitet waren so genannte Zehn-Tages-Prognosen. Das Wetter am dritten Tag nach Neumond oder Vollmond sollte anzeigen, wie sich die Witterung in den kommenden zehn Tagen entwickeln würde. Andere Zehn-Tages-Prognosen gingen vom Jahresanfang oder ganz besonderen Stichtagen – den so genannten Lostagen – aus.

Schon im Mittelalter wurden Bauernregeln und Wettervorhersagen in so genannten Volksbüchern verbreitet. Bis ins 19. Jahrhundert hinein waren die »Hausbücher« und »Hauskalender« mit der Angabe von günstigen Aussaatterminen und praktischen Tipps für alle Lebenslagen sehr beliebt.

Der noch heute hoch angesehene Hundertjährige Kalender geht bei der Wettervorhersage von dem beherrschenden Einfluss eines bestimmten Planeten auf ein ganzes Jahr aus. Dieser Jahresregent wechselt jedes Frühjahr – wenn die Sonne in den Widder geht. Die Aspekte der anderen Planeten schwächen oder verstärken seinen Einfluss. Bei sieben »astrologischen« Planeten – Sonne, Mond,

Merkur, Venus, Mars, Jupiter und Saturn – ergibt sich, dass das Wettergeschehen im Wesentlichen einem Siebenjahresrhythmus unterliegt.

Das Gärtnern mit dem Mond heute

Auch heute noch ist die Landwirtschaft stark vom Wettergeschehen abhängig. So ist beispielsweise der richtige Aussaat-Zeitpunkt für eine gute Ernte entscheidend. Deshalb kann uns das alte und lang erprobte Wissen über die besten Mondstände bei der Gartenarbeit helfen.

Für die Arbeit im Garten sind die Mondphasen und der Stand des Mondes in den Tierkreiszeichen interessant.

Die Mondphasen

Die Wirkung der verschiedenen Mondphasen auf das Pflanzenwachstum wird seit Jahrtausenden für Arbeiten im Garten genutzt. Auch für den Laien ist es ganz einfach, sich nach den Mondphasen zu richten. Er braucht nur regelmäßig einen Blick auf den nächtlichen Himmel zu werfen.

In einem mittelalterlichen Almanach finden sich Ratschläge, die die Bauern heute noch beherzigen. So hieß es schon damals:

Alte Wetterregeln

Im Sommer gilt

■ Weht's bei Neumond her vom Pol,
bringt es kühlen Regen wohl.
■ Gewitter in der Vollmondzeit verkünden Regen weit und breit.
■ Drei bis fünf Tage nach Neu- und Vollmond regnet es.
■ Steht der Neumond weit im Süden, kann man auf warmes und trockenes Wetter zählen.

Im Winter gilt

■ Wenn der Nord zu Vollmond tost,
folgt ein langer, harter Frost.
■ Neumond mit Wind ist zu Regen und Schnee gesinnt.
■ Wenn ein Schneesturm bei Neumond beginnt, so endet er mit dem ersten Mondaufgang.
■ Steht der Neumond weit im Norden, gibt's zwei Wochen Kälte.

Bei allen Angaben in diesem Buch gehen wir von der verbreiteten astrologischen Schule aus.

»Obstbäume sollen bei zunehmendem Mond gepflanzt und veredelt werden und umgepflanzte Bäume bei abnehmendem gesetzt werden, denn der abnehmende Mond hilft dem Gewächs, seine Wurzeln nach unten zu senden, während der zunehmende ihm hilft, nach oben zu wachsen.«

Der Mond im Tierkreis

Eine weitere Möglichkeit ist es, die Gartenarbeit nach dem Stand des Mondes in den Tierkreiszeichen auszurichten. Dieses System bedarf genauer astronomischer Berechnung. Damit man sich daran halten kann, benötigt man detaillierte Tabellen der täglichen Mondstände.

Heute gibt es zwei Schulen, die auf unterschiedliche Art den Stand der Tierkreiszeichen am Himmel berechnen. Beide beziehen sich auf eine geozentrische Weltsicht. Das heißt, die Erde steht bei dieser Betrachtungsweise im Mittelpunkt des Universums, und der Lauf der Sonne und die Bewegungen aller anderen Himmelskörper werden von ihr aus gesehen.

Frau Luna wacht über das Geschehen auf der Erde.

Astrologische Schule Die astrologische Schule geht von der babylonischen Einteilung des Himmels in zwölf gleich große Abschnitte aus, die jeweils durch ein Tierkreiszeichen symbolisiert werden. Die Sonne durchläuft an einem bestimmten Tag des Jahres immer das gleiche Tierkreiszeichen: Zum Frühlingsbeginn steht sie im Widder – heute ebenso wie vor über 2000 Jahren. Die Sternzeichen sind also ein Abbild des unveränderlichen Jahresverlaufs.

Astronomische Schule Die astronomische Schule berechnet dagegen die momentane Position der dem Tierkreis zugrunde liegenden tatsächlichen Sternbilder am Himmel. Diese haben sich in den letzten Jahrtausenden zwar langsam, aber deutlich verschoben. Die Sonne durchläuft nach der astronomischen Berechnung zum Frühlingsanfang nicht mehr das Sternbild Widder, sondern das Sternbild Fische. Die astronomische Schule geht also von einem direkten Einfluss der Sternbilder auf das Wettergeschehen und die Vorgänge auf der Erde aus.

Beim Vertrauten bleiben

Die astrologische Schule repräsentiert die Urform der Sterndeutung, die sich in der westlichen Welt durchgesetzt hat. Sie steht uns näher – auch in der Beurteilung des Geburtssternzeichens eines Menschen: Ein zum Frühlingsanfang Geborener hat die überschäumende Energie eines Widders, nicht die nach innen gewandte Transzendenz eines Fischs. Der Jahreszeitenbezug des Tierkreises zeigt sich auch bei den Kräften des aufsteigenden und absteigenden Mondes. So umfassen die aufsteigenden Tierkreisbilder – von der Zeit der Wintersonnenwende bis zur Sommersonnenwende – alle Zeichen des Frühlings, und die absteigenden Tierkreisbilder entsprechend alle Zeichen des Herbstes. Die Mondstandtabellen im Anhang dieses Buches folgen deshalb dieser Tierkreisdarstellung – ihre Gültigkeit im Pflanzenbau stimmt mit den Erfahrungen vieler Gärtner überein.

Ökologisch gärtnern mit dem Mond

Der Verlauf des Mondes mit seinen verschiedenen Phasen und Zyklen und seine Impulse auf das Geschehen im Garten werden im nächsten Kapitel ausführlich vorgestellt. Die Wirkungsweise des Mondes ist eine gute Ergänzung zu einem ökologisch ausgewogenen, nachhaltigen Gärtnern und verhilft Ihnen zu einer gesunden Ernte. Das wichtigste bei der Gartenarbeit ist es aber, dass Sie Freude daran haben und bereit sind, das zu tun, was das Beste für ihre Pflanzen ist.

Die Benediktinerin Hildegard von Bingen vertrat die Meinung, dass Himmelskörper in bestimmten Fällen Offenbarungen Gottes sein konnten. So schrieb sie, dass bei Mondwechsel Winde das Firmament durchstürmen und Wolken aus dem Meer.

Die Kräfte des Mondes

Von allen Himmelskörpern steht der Mond der Erde am nächsten, und schon früh hat er den Forschergeist des Menschen besonders gefesselt. Seit Jahrtausenden können Sonnen- und Mondfinsternisse vorhergesagt werden, und nicht erst seit der ersten Mondlandung weiß man, was für eine öde Kraterlandschaft seine Oberfläche ist. Zu der von der Erde aus gesehenen Bahn der Sonne durch den Tierkreis ist die Bahn des Mondes nur leicht versetzt: Er durchläuft alle Sternzeichen in derselben Reihenfolge wie sie.

Auch wenn er groß und sehr hell am Nachthimmel stehen kann – der Mond leuchtet nicht selbst. Er erhält sein Licht ausschließlich von der Sonne und reflektiert es nur. Dadurch ist er zu einem Symbol des empfangenden Prinzips geworden, eines Prinzips, das Kräfte aufnehmen, bewahren und zu gegebener Zeit wieder abgeben kann.

Im Zentrum des astrologischen Weltbilds steht die Erde – Sonne und Mond umkreisen sie, ihre Bahnen etwas zueinander versetzt.

Mond und Natur

Die nächtliche Leuchtkraft des Mondes beeinflusst uns in psychischer und physischer Weise. Seine Wirkung auf das Wetter und besonders auf Landwirtschaft und Gartenbau haben die Menschen schon frühzeitig beobachtet und mannigfaltig genutzt. Das Wissen um die Kräfte des Mondes ist alt, doch es wurde im Laufe der Jahrhunderte immer wieder modifiziert und erweitert. Es ist ein Wissen, das gerade in unserer hoch technisierten Welt einen Platz haben und nie in Vergessenheit geraten sollte.

Auf seiner Bahn um die Erde durchläuft der Mond verschiedene astrologische Zyklen, Punkte und Phasen. Seine Wirkungen auf das Pflanzenwachstum sind deshalb entsprechend vielseitig: Jeder Aspekt kann einen positiven, einen neutralen oder einen negativen Impuls ausüben. Er kann einen anderen in seiner Wirkung

Der Mond ist ein Symbol für die Geheimnisse allen Wachstums – aber auch für unser Unbewusstes, für unser Selbst.

verstärken oder ausgleichen. Keine Mondstellung sollte deshalb isoliert, sondern immer nur in ihrem größeren Zusammenhang betrachtet werden.

Neben den hier beschriebenen Aspekten – Mondphasen, Mondumlaufbahn und Stellung in den Tierkreiszeichen – beeinflussen auch andere Konstellationen das Wachstum auf der Erde. Trotz optimalen Mondstandes kann der gewünschte Effekt also schon einmal ausbleiben. Ob das dann an einem dissonanten Saturn- oder Uranustransit liegt oder an einem besonderen astronomischen Phänomen wie Sonnenflecken oder Kometen, das können nur Spezialisten entscheiden.

Durch diese verschieden und oft gleichzeitig einwirkenden kosmischen Kräfte ist es kein Wunder, dass bis jetzt jeder Versuch fehlgeschlagen ist, eindeutige Beweise für die Wirkung eines bestimmten Mondstandes vorzulegen, zumindest eindeutige Beweise, die wissenschaftlichen Kriterien genügen. Doch andererseits konnte auch noch niemand eine solche Wirkung ausschließen. Eine Fülle alter, aber auch neuerer Erfahrungen sprechen jedenfalls für einen umfassenden Einfluss des Mondes. Lassen Sie sich also ein auf die Kräfte des Mondes und erspüren Sie seine helfenden Impulse.

Für die Wetterkunde hatte die Astrometeorologie bis ins 18. Jahrhundert große Bedeutung.

Vom Mond sehen wir immer nur die von der Sonne beschienene Seite. Je nachdem, wo er sich auf seiner Umlaufbahn befindet, präsentiert er sich uns in den verschiedenen Mondphasen.

Vom Neumond zum Vollmond

Der Mondumlauf von Neumond über Vollmond wieder zurück zum Neumond wird auch »synodischer Mondzyklus« genannt. Die am Himmel sichtbare Zunahme und die anschließende Abnahme dauert 29,5 Tage. Diese Mondphasen sind einer der ältesten Zeitmesser für die Menschen und wurden schon von den Urgesellschaften in der Landwirtschaft beachtet. Sowohl dem lebens-

prallen Vollmond als auch dem schwarzen, fast unsichtbaren Neumond, aus dem neues Leben entsteht, werden seit langem eine große Bedeutung für das Pflanzenwachstum zugeschrieben. Es sind energetische Kulminationspunkte, und sie ergeben zusammen mit den dazwischen liegenden zu- und abnehmenden Phasen ein einprägsames Schema. Für die meisten Gartenarbeiten ist es durchaus ausreichend, diese vier Mondphasen zu beachten.

Neumond

Wir sehen von der Erde aus immer nur ein und dieselbe Seite des Himmelskörpers, da er sich während der Umkreisung der Erde gleichzeitig einmal um seine Achse dreht.

Bei Neumond steht der Mond zwischen Erde und Sonne und kann daher wenig oder gar kein Licht zu uns reflektieren. Im Geburtshoroskop von Menschen, die an einem solchen Tag geboren sind, steht der Mond am selben Platz wie die Sonne, das heißt in Konjunktion.

Den Neumond kennzeichnet ein Wechsel von Ab- zur Zunahme – vom Abgeben bzw. Ausatmen zum Aufnehmen bzw. Einatmen. Er steht für ein kurzes Innehalten, in dem sich zwei Impulse im Gleichgewicht befinden: Das Abgeben bzw. Ausatmen hat seinen Endpunkt erreicht, und Kräfte für einen Neuanfang können gesammelt werden.

Gärtnern bei Neumond

■ ■

Kräfte sammeln, Planen und Neuanfang

■ Bei Neumond sind nur wenige Arbeiten im Garten sinnvoll. Das Pflanzenwachstum hat eine Ruhephase.

■ Planen Sie, was Sie neu anpflanzen möchten. Jetzt haben Sie Zeit für die vorbereitenden Arbeiten, wie das Einkaufen von Samen und Pflanzen oder das Aufräumen des Geräteschuppens.

■ Kranke und von Schädlingen befallene Pflanzen können behandelt und beschädigte Triebe beschnitten werden. Die Erholung wird durch die wachsende Kraft des zunehmenden Mondes unterstützt.

Gärtnern bei zunehmendem Mond

Aufsteigende Energien, Wachstum und Aufnahme

■ Das oberirdische Wachstum wird gefördert. Deshalb sollte man in dieser Zeit Blatt-, Frucht- und Blütenpflanzen aussäen, pflanzen und umpflanzen.

■ Die Zeit nach Neumond ist für das Wachstum von Blatt- und Blütenpflanzen sehr günstig. Je näher wir uns am Voll-mond befinden, desto besser entwickeln sich Fruchtpflanzen.

■ Der Rasen wächst besonders gut, deshalb kann man jetzt kahle Stellen nachsäen, um so einen dichten grünen Teppich zu erhalten.

■ Ein sehr günstiger Zeitpunkt für die Vermehrung durch Stecklinge und die Veredelung von Obstbäumen.

Zunehmender Mond

Der zunehmende Mond wandert um die Erde von der Sonne weg. Die nach links geöffnete Mondsichel wird immer voller. Alle Kräfte stehen auf Zunahme und steigende Energien. Die Erde atmet ein, die Säfte steigen, und das Wachstum oberhalb der Erde ist begünstigt. Die Phase des zunehmenden Mondes dauert etwa 13 Tage.

Sie können den zunehmenden Mond an seiner Form erkennen: Die leuchtende Sichel wölbt sich nach rechts wie beim kleinen altdeutschen »z«.

Vollmond

Bei Vollmond nehmen Sonne und Mond die Erde in ihre Mitte, so bestrahlt die Sonne die gesamte der Erde zugewandte Seite des Mondes. Im Geburtshoroskop von Menschen, die an einem solchen Tag geboren sind, stehen sich Mond und Sonne gegenüber, das heißt, sie sind in Opposition.

Den Vollmond kennzeichnet ein Wechsel von der Zu- zur Abnahme – vom Aufnehmen bzw. Einatmen zum Abgeben bzw. Ausatmen. Er steht für ein kurzes Innehalten, in dem sich zwei Impulse im Gleichgewicht befinden: Das Aufnehmen bzw. Einatmen hat seinen Endpunkt erreicht – und damit die Kraft ihren Höhepunkt.

In Ostafrika wird der Wallababaum, der hervorragendes, harzreiches Bauholz liefert, einige Tage vor Vollmond gefällt. Fällt man ihn bei Vollmond, sind die Bretter wohl glatt und schön, besitzen aber keine dauerhafte Festigkeit.

Gärtnern bei Vollmond

Kraft, Fülle, Höhepunkt der Aufnahme

■ Alles steht in Saft und Kraft und auch kleine »Verletzungen« können die Pflanzen sehr schädigen. Deshalb sollten Bäume jetzt nicht beschnitten werden.

■ Hingegen ist es jetzt besonders günstig, die Pflanzen zu düngen: In der folgenden abnehmenden Phase können sie die Nährstoffe besonders gut aufnehmen.

■ Die Heilkraft von Kräutern ist am größten, wenn sie bei Vollmond gesammelt wurden. Jetzt geerntete Früchte sind besonders saftig, sollten aber bald gegessen werden.

Gärtnern bei abnehmendem Mond

Abgabe, Freisetzen von Kräften, Abwärtsfließen

■ Das unterirdische Wachstum wird durch die nach unten fließenden Kräfte gefördert. Sie sollten jetzt Wurzelpflanzen aussäen, pflanzen und ernten. Vor allem kurz nach Vollmond wird ihr Wachstum positiv vom Mond unterstützt.

■ Alle Kräfte ziehen sich in die Erde und die Wurzeln zurück. Nährstoffe und Feuchtigkeit werden besser aufgenommen. Der abnehmende Mond ist darum ein günstiger Zeitpunkt, die Pflanzen zu düngen und zu gießen und den Boden zu bearbeiten.

■ In dieser Mondphase geerntetes Gemüse und Getreide lässt sich sehr gut lagern oder konservieren.

■ Kompost und Gründüngungspflanzen sollten bei abnehmendem Mond, am besten kurz vor Neumond, eingearbeitet werden.

■ Der Komposthaufen erhält in dieser Phase einen positiven Anfangsimpuls und sollte jetzt angesetzt oder auch umgesetzt werden.

■ Unkräuter und Schädlinge lassen sich kurz vor Neumond leichter und auch dauerhafter bekämpfen.

■ Da sich die Säfte zu dieser Zeit vor allem im Wurzelbereich befinden, ist der Neumond eine gute Zeit, um Bäume und Sträucher zu schneiden.

Abnehmender Mond

Der abnehmende Mond wandert wieder zur Sonne hin, bis er sich zwischen Sonne und Erde schiebt. Die sichtbare sonnenbeschienene Mondfläche wird immer geringer. Die nach rechts geöffnete Mondsichel wird immer schmaler. Alle Kräfte stehen auf Abnahme, Energien werden frei, die Erde atmet aus.

Die Sichel des abnehmender Mondes ist nach rechts geöffnet.

Aufsteigender und absteigender Mond

Der siderische (auf die Sterne bezogene) Mondzyklus ist die Zeit, die der Mond braucht, um die Erde einmal vollständig zu umrunden: In 27,3 Tagen durchwandert er alle zwölf Tierkreiszeichen. Die Sonne hingegen durchquert die zwölf Tierkreiszeichen im Verlauf eines Jahres. In der ersten Hälfte der Mondumlaufbahn steigt der Mond nach oben, in der andere Hälfte wieder nach unten, wenn man seine Bahn im Verhältnis zu der der Sonne sieht. Diesen Lauf des Mondes können Sie mit astronomischen Geräten am Himmel beobachten. Das Absteigen oder Aufsteigen des Mondes hat nichts mit den Mondphasen zu tun, es ergänzt jedoch die Kräfte des zunehmenden oder abnehmenden Mondes.

Der siderische Mondlauf durch den Tierkreis in etwas mehr als 27 Tagen.

Aufsteigender Mond

Der aufsteigende Mond durchquert alle Sternzeichen zwischen der Winter- und Sommersonnenwende, also den Tierkreis vom Schützen bis zu den Zwillingen.
Während dieser Zeit befindet sich der Mond in Bezug zur Sonnenbahn in aufsteigender Laufrichtung. Das tiefste Zeichen

Die Sonne durchwandert die Tierkreiszeichen vom Schützen bis zu den Zwillingen vom Winter bis zum Ende des Frühjahrs. Nach der winterlichen Ruhe erwacht die Natur zu neuem Leben.

Schütze ist der untere Wendepunkt, dann folgen Steinbock, Wassermann, Fische, Widder und Stier bis zu dem am höchsten stehenden Wendezeichen Zwillinge. Diese Zeichen stehen für das Frühjahr, für Erwärmung und Wachstum. Die Erde öffnet sich, die Kräfte und Säfte steigen in der Pflanze nach oben.

Gärtnern bei aufsteigendem Mond

Ausdehnung, Wachstum, die Kräfte streben nach oben

- Die Einflüsse der Reife überwiegen bei aufsteigendem Mond, man nennt ihn deshalb auch Erntemond.
- Der aufsteigende Mond hat eine ähnliche Wirkung auf das Wachstum wie der zunehmende Mond. Der Saft steigt in die oberirdischen Teile der Pflanze. Alle Blatt-, Frucht- und Blütenpflanzen werden in ihrem Wachstum unterstützt und können jetzt geerntet, nach Bedarf auch eingelagert oder konserviert werden (Gemüse, Küchenkräuter, Obst und Getreide).
- Wenn Pflanzen zurückgeschnitten werden, wachsen sie besonders schnell wieder nach.

Der Termin ist deshalb zwar eher ungünstig für das Rasenmähen, aber günstig für das Pflücken von Schnittsalat oder Kräutern.

- Da der Saft sich bevorzugt in den oberirdischen Pflanzenteilen sammelt, tritt beim Bäumeschneiden mehr Harz aus, das heißt, sie bluten verstärkt und sollten nicht zurückgeschnitten werden. Für das Schneiden von Stecklingen ist dieser Mondstand aber günstig.
- Besonders günstig ist die Zeit des aufsteigenden Mondes für das Veredeln von Obstgehölzen und Rosen. Ein zusätzlicher positiver Impuls wird dabei gegeben, wenn Sie einen Tag wählen, an dem der Mond im Widder steht.

Absteigender Mond

Der absteigende Mond durchläuft alle Sternzeichen zwischen der Sommer- und der Wintersonnenwende, also den Tierkreis von Zwillinge bis Schütze.

Während dieser Zeit befindet sich der Mond in Bezug zur Sonnenbahn in absteigender Laufrichtung. Das höchste Zeichen Zwillinge ist der obere Wendepunkt, dann folgen Krebs, Löwe, Jungfrau, Waage und Skorpion bis zum Wendezeichen Schütze, der am niedrigsten steht. Danach steigt der Mond in Bezug zur Sonne wieder auf.

Die Kräfte des Mondes sind nach unten gerichtet und ziehen Flüssigkeiten und Energie hinab in die Erde. Die Erde zieht sich zusammen und atmet ein. Die Tierkreiszeichen, die der absteigende Mond durchquert, stehen für den Herbst, für Reifung und Ernte. Die Kräfte ziehen sich in die Wurzeln zurück, und das Wachstum unter Erdoberfläche wird begünstigt.

Gärtnern bei absteigendem Mond

Einatmen, die Kräfte ziehen sich in die Erde zurück

■ Der Saft der Pflanzen befindet sich vor allem in den Wurzeln, die Blätter fühlen sich eher welk an. Man nennt die Zeit des absteigenden Mondes deshalb auch Pflanzmond.

■ Der absteigende Mond hat eine ähnliche Wirkung auf das Wachstum wie der abnehmende Mond. Das Wurzelwachstum wird angeregt, und das Ansäen, Auspflanzen und Ernten von Wurzelpflanzen ist besonders günstig.

■ Es blüht wenig im Garten, und beim Bäumeschneiden tritt weniger Saft aus. Schnittwunden verheilen leichter.

■ Es ist eine gute Zeit für Arbeiten wie Hacken oder Lockern des Bodens.

■ Die Unkräuter brauchen jetzt länger, um wieder auszutreiben. Schädlinge können besonders effektiv bekämpft werden.

■ Die Zeit des absteigenden Mondes – und hier wiederum Jungfrautage – sind auch besonders günstig zum Umsetzen und Umtopfen von Balkon- und Zimmerpflanzen, besonders auch von älteren Exemplaren, die auf Umtopfen oft sehr empfindlich reagieren.

■ Auch das Vorbereiten und Ansetzen des Komposthaufens sollte bei absteigendem Mond erfolgen.

Die Sonne durchwandert die Tierkreiszeichen von den Zwillingen bis zum Schützen im Sommer und Herbst. In diesen Jahreszeiten werden die Früchte reif und können geerntet werden.

Die Gezeiten bildende Kraft der Sonne ist nur etwa halb so groß wie die des Mondes.

Der Mond und die Gezeiten

So entstehen die Gezeiten

Der Mond bringt durch seine Anziehungskräfte auf das Wasser die Gezeiten hervor.

■ Der Teil der Erdoberfläche, der dem Mond am nächsten liegt, ist der stärksten Mondanziehung ausgesetzt. Das Meer wölbt sich an dieser Stelle Richtung Himmel und es gibt Flut.

■ An der entgegengesetzten Seite der Erde ist die Anziehung des Mondes am geringsten, deshalb kommt es zu einer zweiten Ausbuchtung und damit ebenfalls zu einer Flut.

■ Von den sogenannten Rändern (45-Grad-Winkeln) der Erde wird das Wasser gleichzeitig weggezogen, es herrscht Ebbe. So bewegen sich die Gezeitenzonen beim Mondumlauf um die Erde, sichtbar als Ebbe und Flut im Abstand von 12 Stunden 25 Minuten.

Die Stärke der Gezeiten

Die Stärke der Gezeiten hängt von zwei Kriterien ab: von der Entfernung des Mondes zur Erde und von der Konstellation, die der Mond in Beziehung zur Sonne hat.

■ Am erdnächsten Punkt ist die Gezeiten bildende Kraft des Mondes um 30 Prozent höher als am erdfernsten.

■ Springfluten treten bei Neu- und Vollmond auf, wenn Sonne und Mond in Konjunktion oder Opposition stehen und sich ihre Anziehungskräfte deshalb addieren.

■ Zu Nipptiden kommt es, wenn Mond und Sonne im rechten Winkel zueinander stehen, so dass sich ihre Kräfte gegenseitig schwächen.

■ Fällt eine Springflut mit der größten Erdnähe des Mondes zusammen – wie dies zweimal im Jahr geschieht –, erreichen die Gezeiten ein Maximum.

Sowohl der Mond als auch die Sonne üben starke Anziehungskräfte aus. Bei Neu- oder Vollmond addieren sich diese Kräfte: Es kommt zu Springfluten.

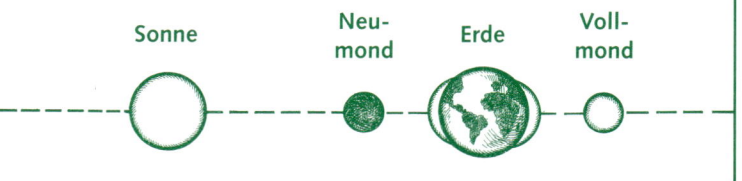

Sonne   Neu-mond   Erde   Voll-mond

Der Mond in den Tierkreiszeichen

Wenn der auf- und absteigende Mond den Tierkreis durchwandert, verweilt er etwa zwei bis drei Tage in jedem der zwölf Zeichen. Aus dem Geburtshoroskop – der Sonnenastrologie – kennen wir die Einflüsse der Tierkreiszeichen auf menschliche Charaktermerkmale. Doch schon im Altertum hat man den Verlauf des Mondes am Himmel ebenso wichtig genommen wie den der Sonne. Deshalb wurde auch der Stellung des Mondes in den Tierkreiszeichen eine besondere Bedeutung beigemessen. Es erschien nur natürlich, dass diese Kräfte auch auf die Pflanzen einwirken, die mit der Natur um so viel unmittelbarer verbunden sind als wir Menschen.

Für Erfolg im Garten sollten Sie sich aber nicht nur auf den Mond verlassen. Faktoren wie Bodenfruchtbarkeit, Standort, Jahreszeiten und richtige Pflege sind entscheidend für das Gedeihen von Pflanzen und dürfen nicht vernachlässigt werden. Denn auch der Mond kann nur positive Impulse setzen. Je mehr Sie die Zusammenhänge der Natur verstehen lernen und die Ansprüche der Pflanzen erkennen, um so besser können Sie auch die Kräfte des Mondes für sich arbeiten lassen.

Die Beachtung der Mondregeln alleine macht noch keinen guten Gärtner. Nur vereint mit einer guten Portion Gartenwissen und gesundem Menschenverstand werden sie zu Erfolg im Garten verhelfen.

Die vier Trigone

Aus der Antike ist uns die Lehre von den vier Urqualitäten warm, kalt, feucht und trocken überliefert worden. Griechische Philosophen fügten die vier Elemente Erde, Wasser, Luft und Feuer dazu, diese stellen die Grundformen der Energie und des Bewusstseins dar. Aristoteles übertrug diese Qualitäten auf die Tierkreiszeichen und teilte sie in vier Trigone (Dreiecke) ein. Jedem Trigon wurde ein Element mit zwei Urqualitäten zugeordnet. So ist zum Beispiel das Feuertrigon, das die Sternzeichen Widder, Löwe und Schütze beinhaltet, warm und trocken.

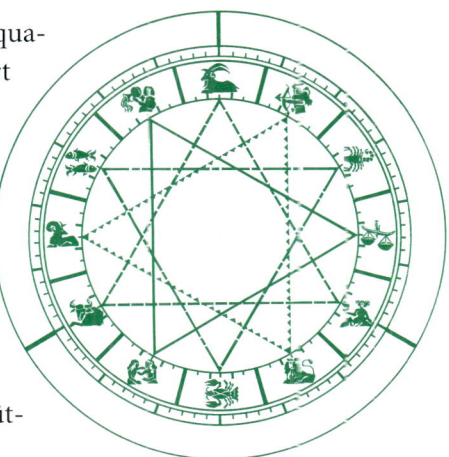

Die vier Trigone des Tierkreises: Erd-, Wasser-, Luft- und Feuertrigon.

Dieses System der Trigone mit ihren jeweiligen spezifischen Eigenschaften wurde weiterentwickelt und mit anderen Qualitäten in Beziehung gesetzt, wie z. B. der Temperamentenlehre, was hier aber nicht weiter vertieft werden soll. Für die gärtnerische Praxis sind nur die Elemente und Urqualitäten der einzelnen Trigone wichtig.

Die Pflanzenqualitäten der Trigone

In den Kapiteln über die Gartenarbeiten werden die Pflanzen zum Teil nach ihrer Trigonenzugehörigkeit zusammengefasst: Wurzelpflanzen, Blattpflanzen, Blütenpflanzen und Fruchtpflanzen.

Vor allem Verfechter der biologisch-dynamischen Landwirtschaft, allen voran Maria Thun, ordneten die vier Elemente bestimmten Pflanzenteilen zu: Die im Boden verankerten Wurzeln (Erde) und das durch den Flüssigkeitsdruck gehaltene Blattwerk (Wasser), die sich dem Licht öffnenden Blüten (Luft) und die mit Energie gefüllten Früchte (Feuer).

■ Zu den Wurzelpflanzen des Erdtrigons gehören zum Beispiel Kartoffel, Knoblauch, Meerrettich, Möhre, Pastinake, Radieschen, Rettich, Rote Bete, Schwarzwurzel, Sellerie, Topinambur, Wurzelpetersilie und Zwiebel.

■ Zu den Blattpflanzen des Wassertrigons zählen immergrüne Sträucher, Rasen, Blumenkohl, Salatpflanzen, Fenchel, Kohlrabi, Lauch, Mangold, Rhabarber, Rosenkohl, Rotkohl, Spargel, Spinat, Weißkohl, Wirsing und Blattkräuter.

■ Zu den Blütenpflanzen des Lufttrigons gehören unter anderem Wiesenblumen, Sommerblumen, Blütensträucher, Blütenstauden, Kletterpflanzen, Brokkoli und Artischocken.

■ Zu den Fruchtpflanzen des Feuertrigons zählen Aubergine, Bohnen, Erbsen, Erdbeeren, Getreide, Gurken, Kürbis, Mais, Paprika, Tomaten, Zucchini, Baum- und Strauchobst.

In der Folge werden die einzelnen Trigone mit ihren wichtigsten Eigenschaften vorgestellt. Die jeweiligen drei Tierkreiszeichen eines Trigons sind in ihrer Wirkung nicht identisch. Durch die auf- oder absteigenden Mondkräfte und die Gewichtung der in ihnen vereinten zwei Urqualitäten erhält jedes Sternzeichen einen besonderen zusätzlichen Impuls.

Auch beim Mondstand in den Tierkreiszeichen gilt: Die verschiedenen Kräfte (Elemente, Qualitäten, Mondphasen) können sich addieren. Der günstigste Zeitpunkt zum Anpflanzen von Wurzelgemüse ist z. B. ein Jungfrautag (Wurzeltag mit absteigender Kraft) bei abnehmendem Mond. Da aber auch Stier und Steinbock zum Erdtrigon gehören, wirken an diesen Tagen sowie während der gesamten abnehmenden Mondphase ebenfalls nach unten gerichtete, die Wurzelentwicklung stärkende Kräfte. So gibt es jeden Monat eine ganze Reihe von günstigen Tagen für bestimmte Gartenarbeiten. Sie können also auch dann mit dem Mond gärtnern, wenn Sie einen besonders günstigen Termin einmal nicht wahrnehmen können. Wählen Sie die aus, die sich mit Ihrem Zeitplan, mit der Witterung und den erprobten Saat- und Pflanzzeiträumen am besten in Einklang bringen lassen.

Historische Darstellung: Der Einfluss der einzelnen Tierkreiszeichen auf die Tätigkeiten des Bauern im Jahresverlauf.

Tierkreiszeichen – Elemente – Qualitäten

Tierkreiszeichen	Symbol	Element	Pflanzenteil	Qualität	Mondkräfte
Widder		Feuer	Frucht	Mehr trocken als warm	Aufsteigend
Stier		Erde	Wurzel	Mehr kalt als trocken	Aufsteigend
Zwillinge		Luft	Blüte	Mehr warm als feucht	Auf-/absteigend
Krebs		Wasser	Blatt	Mehr feucht als kalt	Absteigend
Löwe		Feuer	Frucht	Mehr warm als trocken	Absteigend
Jungfrau		Erde	Wurzel	Kalt und trocken	Absteigend
Waage		Luft	Blüte	Mehr feucht als warm	Absteigend
Skorpion		Wasser	Blatt	Mehr kalt als feucht	Absteigend
Schütze		Feuer	Frucht	Warm und trocken	Ab-/aufsteigend
Steinbock		Erde	Wurzel	Mehr trocken als kalt	Aufsteigend
Wassermann		Luft	Blüte	Mehr warm als feucht	Aufsteigend
Fische		Wasser	Blatt	Kalt und feucht	Aufsteigend

Fruchttage – der Mond im Feuertrigon

Die Zeichen Widder, Löwe und Schütze gehören zum Feuertrigon und zeichnen sich durch die Urqualitäten warm und trocken aus. Sie werden mit den Samen und Früchten der Pflanzen in Beziehung gesetzt. An diesen Tagen ist es eher warm, es kann leicht zu Gewittern kommen.

Widder

Die Sonne durchläuft den Widder zum Frühlingsanfang. Widdergeborene gelten als stolz, mutig und lebensbejahend.

Widdertage im Garten sind Fruchttage mit aufsteigender Kraft, mehr trocken als warm.

■ An Widdertagen sind die Früchte besonders prall und optimal zu ernten.

■ Jetzt gesäte oder gepflanzte Fruchtgemüse wachsen und reifen schnell.

■ Widdertage sind günstig zum Düngen von Fruchtgemüse und Obst, besonders bei Vollmond oder abnehmendem Mond.

■ Oberirdisch lebende Schädlinge lassen sich jetzt gut bekämpfen.

Löwe

Die Sonne durchläuft den Löwen im Hochsommer. Löwegeborene gelten als selbstbewusst, stolz und schöpferisch.

Löwetage im Garten sind Fruchttage mit absteigender Kraft, mehr warm als trocken.

■ Löwetage sind optimal, um Fruchtpflanzen zu säen und zu pflanzen. Dazu gehören auch Fruchtgemüse und Getreide, nicht aber Tomaten und Kartoffeln.

■ Diese Tage sind günstig zum Umsetzen von Obstbäumen und -sträuchern.

■ Wasser und Nährstoffe werden jetzt besonders gut aufgenommen: ein guter Zeitpunkt zum Düngen, vor allem bei Vollmond oder abnehmendem Mond.

Der Garten an Fruchttagen

Wenn der Mond durch die Zeichen des Feuertrigons wandert, werden die Entstehung von neuem Leben und die Energie im Samen und in der Frucht positiv unterstützt.
Im Garten üben alle Zeichen des Feuertrigons einen nachhaltig positiven Einfluss auf die Fruchtbildung und -reife aus.

Widder-, Löwe- und Schützetage sind deshalb besonders günstig, um Fruchtpflanzen anzusäen, umzusetzen und zu ernten. Durch die feurige Dynamik der Zeichen wird Schwefel an diesen Tagen in der Erde leichter freigesetzt und kann von den Pflanzen auch besser aufgenommen werden.

Der Löwe, König der Tiere, regiert das Feuer durch die Kraft der Sonne und bringt die Früchte der Natur zur vollen Reife.

■ Obstbäume und -sträucher können problemlos ausgeschnitten werden, vor allem bei abnehmendem Mond.
■ Herzstärkende Heilkräuter und Küchenkräuter zum Trocknen sollten an Löwetagen gesammelt werden.
■ Beim Hacken im Frühjahr fördert der Löwe das Aufgehen von Unkrautsamen.

Schütze

Die Sonne durchläuft den Schützen im frühen Winter. Schützegeborene gelten als lebensbejahend, begeisternd und frei.
Schützetage im Garten sind Fruchttage mit wechselnder Kraft, sowohl warm als auch trocken.
■ Schützetage sind sehr günstig, um Obstbäume zu pflanzen.
■ Jetzt gesäte oder gepflanzte Fruchtgemüse sind besonders aromatisch im Geschmack.
■ An diesen Tagen wird Dünger von Fruchtpflanzen besonders gut aufgenommen, vor allem bei Vollmond oder abnehmendem Mond.
■ Jetzt geerntete Früchte sind besonders lagerfähig. Das gilt auch für Getreide und für Heilkräuter, deren Samen und Früchte man ernten und lagern möchte.

Der Schütze wird oft mit der mythischen Figur des Kentauren verbunden – halb Mensch, halb Tier –, der einen Bogen spannt. Er verbindet die Gegenwart mit der Zukunft.

Das Erdtrigon – ihm entsprechen die Wurzeltage.

Wurzeltage – der Mond im Erdtrigon

Die Zeichen Stier, Jungfrau und Steinbock gehören zum Erdtrigon und zeichnen sich durch die Urqualitäten kalt und trocken aus. Sie werden mit den Wurzeln der Pflanzen in Beziehung gesetzt.

An Wurzeltagen herrschen eher kühle Temperaturen. Wenn Wolken aufziehen, ist die Abkühlung besonders deutlich zu spüren. Die Wärme zieht sich in die Erde zurück.

Stier

Die Sonne durchläuft den Stier im hohen Frühjahr. Stiergeborene gelten als umgänglich, ausdauernd und manchmal stur.
Stiertage im Garten sind Wurzeltage mit aufsteigender Kraft, mehr kalt als trocken.

- Stiertage sind optimal, um Wurzelpflanzen zu säen, zu pflanzen oder umzupflanzen.
- Alles wächst langsam, aber kräftig – die jetzt geernteten Früchte sind zur Vorratshaltung besonders gut geeignet.
- Der Nährstoff Kalium wird an diesen Tagen gut aufgenommen.

Jungfrau

Die Sonne durchläuft die Jungfrau am Ende des Sommers. Jungfraugeborene gelten als intelligent, sorgfältig bis pedantisch und kritisch.
Jungfrautage im Garten sind Wurzeltage mit absteigender Kraft, sowohl kalt als auch trocken.

- Jungfrautage sind optimal für alle Arbeiten im Garten, insbesondere für Bodenbearbeitungen.
- Das Ansäen, Pflanzen und Umpflanzen führt an diesen Tagen zu kräftigem Wurzelwachstum.
- Jetzt geerntete Wurzelpflanzen sind besonders fest und wohlschmeckend.
- Das Verpflanzen alter Bäume ist an Jungfrautagen weniger problematisch.

Der Garten an Wurzeltagen

■ ■

Der Stand des Mondes in einem Erdzeichen fördert das unterirdische Wachstum der Pflanzen. Die Kraft und der Saft befinden sich bevorzugt in der Wurzel.

An Stier-, Jungfrau- und Steinbocktagen werden nachhaltige positive Energien für das Wurzelwachstum aktiviert. Deshalb ist es günstig, in dieser Zeit Wurzelpflanzen anzusäen, umzusetzen und zu ernten. Durch die nach unten gerichteten Kräfte wird der Stickstoff im Boden leichter freigesetzt und die Aufnahme dieses Hauptnährelements für alle Pflanzen erleichtert. Das Lockern und das Einarbeiten bodenverbessernder Materialien wird ebenfalls unterstützt.

Die großen Mythen von Opfer und Gabe und dem Geheimnis der Fruchtbarkeit, die aus der Leere entsteht, sind mit dem Zeichen Jungfrau verbunden.

■ Komposthaufen können an diesen Tagen erfolgreich angesetzt und umgesetzt werden, besonders bei abnehmendem Mond.

■ Bei Vollmond oder abnehmendem Mond in der Jungfrau sollte gedüngt werden. Kalzium wird jetzt besonders gut aufgenommen.

■ An Jungfrautagen bekämpftes unterirdisches Ungeziefer kommt so schnell nicht wieder.

Steinbock

Die Sonne durchläuft den Steinbock am Winteranfang. Steinbockgeborene gelten als zurückhaltend, materiell orientiert und strebsam.

Steinbocktage im Garten sind Wurzeltage mit aufsteigender Kraft, eher trocken als kalt.

■ Steinbocktage sind optimal, um Wurzelpflanzen zu säen und zu pflanzen.

■ Sie sind sehr günstig zum Unkraut jäten, vor allem bei abnehmendem Mond.

■ Diese Tage sind gut, um zu roden und Pflanzen auszulichten, vor allem bei abnehmendem Mond.

■ Jetzt eingelagertes Wurzelgemüse hält sich lange.

■ Stickstoff wird besonders gut aufgenommen.

Der Steinbock beherrscht mit majestätischer Erhabenheit die starre Phase der langen Winternächte und kurze Tage. Neues Leben entsteht im Verborgenen.

31

Blütentage – der Mond im Lufttrigon

Die Zeichen Zwillinge, Waage, Wassermann gehören zum Lufttrigon und zeichnen sich durch die Urqualitäten warm und feucht aus. Sie werden mit den Blüten der Pflanzen in Beziehung gebracht.

An diesen Tagen wirkt die Sonne strahlender, und durch die Wolken scheint mehr Licht. Da die Einstrahlung intensiver ist, muss man sich und die Pflanzen vor Sonnenbrand schützen.

Zwillinge

Die Sonne durchläuft die Zwillinge am Ende des Frühlings. Sie gelten als vielseitig, vermittelnd und impulsiv.

Zwillingetage im Garten sind Blütentage mit wechselnder Kraft, eher warm als feucht.

- Zwillingetage sind besonders gut, um blühende Kletterpflanzen zu säen und zu pflanzen.
- Gut gedeihen jetzt auch alle Heilkräuter.
- Diese Tage sind günstig, um Schädlinge zu bekämpfen.
- Blütenpflanzen, aber auch Blattpflanzen und vor allem alle Kohlarten sollten an Zwillingetagen geerntet werden.

Waage

Die Sonne durchläuft die Waage am Herbstanfang. Waagegeborene gelten als charmant, hilfsbereit und objektiv.

Waagetage im Garten sind Blütentage mit absteigender Kraft, eher feucht als warm.

- Waagetage sind optimal, um Blütenpflanzen und blühende Heilkräuter zu säen, zu pflanzen und umzupflanzen, am besten bei zunehmendem Mond.
- An diesen Tagen sollte nur wenn unbedingt nötig und nur morgens gegossen werden. Sonst werden Schädlinge besonders angezogen.
- Blüten- und Obstgehölze sollten jetzt zurückgeschnitten werden, allerdings nur bei abnehmendem Mond.

Der Garten an Blütentagen

■ ■

Wenn der Mond durch die Zeichen des Lufttrigons – Zwillinge, Waage, Wassermann – wandert, fördert dies die vom Licht beeinflusste Blütenbildung der Pflanzen. Alle an diesen Tagen angesäten, gepflanzten und gepflegten Blütenpflanzen gedeihen besonders gut. Gießen sollten Sie jetzt nur in Notfällen, da eine Verbrennung der Pflanzen durch die fokussierende Wirkung der Wassertropfen wahrscheinlicher wird. Das für die Blütenbildung wichtige Phosphat wird leichter freigesetzt und von den Pflanzen besonders gut aufgenommen. Am besten düngt man bei abnehmendem Mond.

Am Herbstbeginn und bei der Tagundnachtgleiche tritt die Sonne in das Zeichen der Waage. Damit beginnt für alles Leben eine Ruhephase des Gleichgewichts.

■ Brokkoli und Artischocken sollten jetzt gesät, gepflanzt oder geerntet werden.

■ Um Mulchschichten aufzubringen oder Kompost in das Beet von Blütengemüsen und Blumen einzuarbeiten, sind Waagetage sehr günstig.

Wassermann

Die Sonne durchläuft den Wassermann mitten im Winter. Wassermanngeborene gelten als idealistisch, unabhängig und exzentrisch.

Wassermanntage im Garten sind Blütentage mit aufsteigender Kraft, eher warm als feucht.

■ Wassermanntage sind optimal, um Zwiebelpflanzen zu säen und zu pflanzen.

■ Sie sind besonders günstig zum Ernten von Blütenpflanzen. Aber auch Blatt- und vor allem Kohlpflanzen können gut geerntet werden.

■ Kübelpflanzen sollte man an diesen Tagen nicht das erste Mal ins Freie stellen, da die Gefahr von Sonnenbrand sehr hoch ist.

■ Jetzt geschlagene Weihnachtsbäume duften besonders stark.

■ Der Rasen wächst nur langsam nach, wenn er jetzt gemäht wird.

■ Freigehacktes Unkraut wächst nicht wieder an.

Der Wassermann ist der »Wasserträger«, die Lebensquelle. Beim Ausgießen kommt das Nass mit der Luft in Berührung, menschliche und kosmische Energien verschmelzen miteinander.

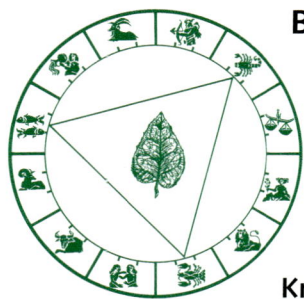

Das Wassertrigon –
ihm entsprechen
die Blatttage.

Blatttage – der Mond im Wassertrigon

Die Zeichen Krebs, Skorpion und Fische gehören dem Wassertrigon an und zeichnen sich durch die Urqualitäten kalt und feucht aus. Sie werden mit den Blättern der Pflanzen, vor allem auch mit deren Blattgrün in Beziehung gesetzt. An diesen Tagen regnet oder schneit es häufiger.

Krebs

Die Sonne durchläuft den Krebs am Sommeranfang. Krebsgeborene gelten als sympathisch, feinfühlig und idealistisch.
Krebstage im Garten sind Blatttage mit absteigender Kraft, mehr feucht als kalt.

- Krebstage sind optimal, um Blattpflanzen zu säen, zu pflanzen und umzusetzen.
- Salate sollten jetzt ausgepflanzt werden, damit sie feste Köpfe bilden und erst spät zu schießen beginnen.
- Jetzt können oberirdische Schädlinge erfolgreich bekämpft werden.
- Krebstage sind besonders günstig zum Gießen von allen Garten- und Zimmerpflanzen.
- Blatt- und Blütenpflanzen nehmen Dünger sehr gut auf.

Skorpion

Die Sonne durchläuft den Skorpion im Herbst. Skorpiongeborene gelten als leidenschaftlich, eigenartig und wandelbar.
Skorpiontage im Garten sind Blatttage mit absteigender Kraft, mehr kalt als feucht.

- Skorpiontage sind sehr günstig, um Blattpflanzen zu säen, zu pflanzen und umzusetzen.
- Es sind gute Tage für die Bekämpfung von Schnecken und anderen oberirdischen Schädlingen.
- Wasser wird gut aufgenommen, vor allem von Zimmer- und Balkonpflanzen.
- Blattpflanzen und Rasen sollten an Skorpiontagen gedüngt werden, vor allem bei Vollmond.

Der Garten an Blatttagen

Bei den Pflanzen fördert der Stand des Mondes in den Zeichen des Wassertrigons die stetige Blattbildung. Die Kraft und der Saft befinden sich in den Blättern.

Die Feuchtigkeit hält sich besser in der Erde und im Gras. An diesen Tagen sollte man nur ernten, was sofort verbraucht wird, da die Lagerfähigkeit des Gemüses durch die hohe Feuchtigkeit eingeschränkt ist. Da die Pflanzen Wasser besonders gut aufnehmen, sind es sehr günstige Tage zum Gießen – auch von Zimmerpflanzen. An Krebs-, Skorpion- und Fischetagen werden positive Energien für die Blattbildung frei. Für ein gutes Wachstum bei Blattpflanzen nützt man diese Tage zum Ansäen, Anpflanzen und Pflegen.

Durch die fördernde Kraft der Zeichen werden Kalzium und Magnesium in der Erde leichter freigesetzt, die Pflanzen können die Mineralstoffe besser aufnehmen.

Das Vergehen und Wiedererwachen in einer neuen Lebensform wird mit dem Tierkreiszeichen Skorpion assoziiert. Pluto, der Herrscherplanet des Skorpions, ist der Bewacher der Unterwelt.

Fische

Die Sonne durchläuft die Fische am Ende des Winters. Fischegeborene gelten als träumerisch, mitfühlend und bescheiden.

Fischetage im Garten sind Blatttage mit aufsteigender Kraft, sowohl kalt als auch feucht.

■ Fischetage sind günstig, um Blattpflanzen zu säen, zu pflanzen und umzupflanzen, am besten bei zunehmendem Mond. Kopfsalat wird bei abnehmendem Mond gesät bzw. gepflanzt.

■ Alle Zimmer- und Gartenpflanzen können an Fischetagen gegossen werden.

■ Diese Tage sind besonders günstig für das Ansäen von Kräutern, Rasen und Salatpflanzen.

■ Salate und Kräuter, die gleich verbraucht werden sollen, können an Fischetagen gut geerntet werden.

■ Der Rasen wächst besonders dicht und kräftig nach, wenn er jetzt gemäht wird.

Reichhaltige Regengüsse reinigen die Erde und lassen Keime und Schösslinge sprießen. Die Idee der Erneuerung und Wiedergeburt manifestiert sich in den Fischen.

Allgemeine Gartenarbeiten

Aus jedem Garten kann eine grüne Oase werden. Doch dafür ist es wichtig, sich mit den Eigenheiten des Standortes vertraut zu machen und mit den natürlichen Gesetzmäßigkeiten, die allem Wachstum zugrunde liegen. Wenn Sie sanfte, naturgemäße Arbeitstechniken zum richtigen Zeitpunkt anwenden, die Lebendigkeit Ihres Bodens langfristig fördern, für Ihren Garten geeignete Pflanzen auswählen und nicht zuletzt die mannigfaltigen Einflüsse des Mondes für sich zu nutzen wissen, dann können Sie schon bald der stolze Besitzer eines blühenden fruchtbaren Gartens sein.

Bodenbearbeitung

Ob Sie einen neuen Garten anlegen wollen oder schon viele Jahre in Ihrem Garten pflanzen und ernten – schauen Sie sich den Boden einmal näher an: Ist er lehmig oder eher sandig? Ist die Erde locker und humos oder ist sie eher fest und neigt zum Verkrusten? Die Antworten auf solche Fragen entscheiden darüber, wie fruchtbar Ihr Garten sein kann und wie Sie ihn pflegen sollten.

Der Aufbau des Bodens

Wenn Sie die Eigenschaften Ihres Gartenbodens kennen, können Sie mit ganz gezielten Pflegemaßnahmen die Fruchtbarkeit verbessern.

Als Boden bezeichnet man die natürlich gewachsenen Erdschichten. In dem oberen Bereich, in dem die Pflanzen wurzeln, tragen Bodenlebewesen ständig organisches Material ein. Es wird vor allem von Bakterien und Pilzen weiter zu Humus abgebaut. Der Unterboden dagegen ist rein mineralisch und entsteht durch die langsame physikalische Zersetzung des Gesteins.

Die Bodenstruktur

Der Boden unterscheidet sich von Standort zu Standort vor allem durch seine mineralische Substanz. Je nach Ausgangsgestein und Verwitterung bildet sich ein ganz bestimmter Typ: Wenn das Ursprungsgestein Ihres Gartens aus den Kalkalpen stammt, werden Sie es mit einem eher basischen Lehmboden zu tun haben. Da Kalkstein gut wasserlöslich ist und deshalb leicht verwittert, wird der Feinanteil im Boden hoch sein. Wenn das Ausgangsgestein aber aus langsam verwitterndem Quarz oder Granit besteht, ist der Boden eher sandig, mit einem nur geringen Feinanteil.

Darüber hinaus ist der Verwitterungsgrad auch abhängig vom Alter und den physikalischen Gegebenheiten des Standortes. Je älter der Boden, je höher die Niederschlagsmenge und je mehr Material durch Wind oder Wasser verfrachtet wird, desto mehr feine, tonige Anteile sind vorhanden. Die Teilchenzusammensetzung des Bodens hat große Auswirkungen auf seine Struktur und damit auch auf seine Fruchtbarkeit:

Tonboden Ein reiner Tonboden mit hohem Feinanteil hat nur sehr kleine Hohlräume, in denen das Wasser gut gehalten wird. Solche »schweren« Böden neigen aber zur Staunässe – sie sind dicht und schlecht durchlüftet. Ein solcher Boden muss tiefgründig gelockert und mit viel Humus verbessert werden.

Sandboden Ein Sandboden dagegen besitzt viele und wesentlich größere Hohlräume, aus denen Wasser gut abfließen kann. Solche »leichten« Böden sind locker und gut durchlüftet, sie trocknen aber schnell aus. Durch das Einbringen feinerer Materialien, aber auch durch Humus, kann ihre Wasserhaltefähigkeit wesentlich verbessert werden.

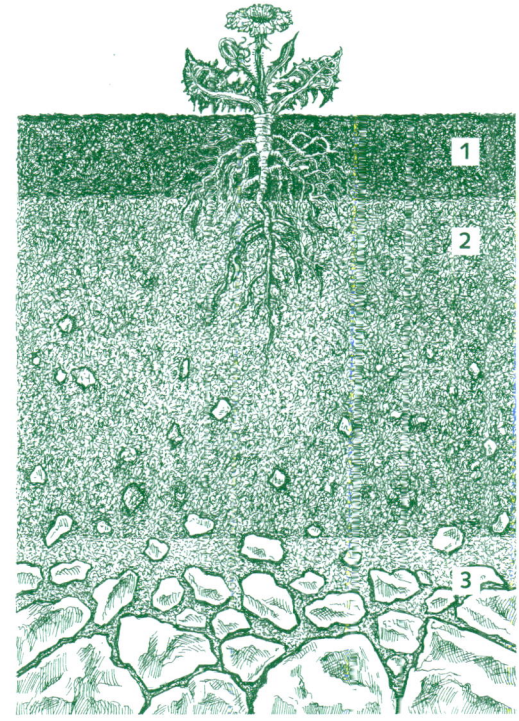

Ein typischer Gartenboden mit seiner Schichtung:
1 Humoser Oberboden
2 Mineralischer Unterboden
3 Muttergestein

Lehmboden Ein Lehmboden vereint in sich die Vorteile leichter und schwerer Böden. Er besteht aus gröberen und feineren mineralischen Bestandteilen in einem guten Mischungsverhältnis und besitzt kleinere und größere Hohlräume. Sein Wasserhaushalt ist am ausgeglichensten.

Der ideale Gartenboden für den Gemüseanbau und die meisten Blütenpflanzen besteht aus einer Mischung von Sand, Lehm und Humus.

Den optimalen Bodentyp für alle Kulturen gibt es nicht. Da jedoch die meisten Gartenpflanzen auf eine gleichmäßige Wasserversorgung angewiesen sind, Staunässe aber schlecht vertragen, sind Lehmböden in der Regel die fruchtbarsten.

Den Bodentyp selbst bestimmen

Grube ausheben Heben Sie eine etwa 50 Zentimeter tiefe Grube aus. Der Boden sollte dazu weder besonders nass noch besonders trocken sein, damit seine Schichtung gut sichtbar ist. Wenn sich die Grube nur schwer ausheben lässt, ist der Boden verdichtet und neigt zu Staunässe.

Bodenprobe Unterboden Nehmen Sie eine Probe aus dem unteren, heller gefärbten Bereich und zerreiben Sie sie zwischen den Fingern: Sandigen Boden erkennen Sie an den vielen Körnern und daran, dass die Masse leicht zerfällt.
Toniger Boden lässt sich problemlos zu einer bleistiftdicken Rolle formen und enthält höchstens einzelne Sandkörner. Lehmiger Boden ist speckig, zerkrümelt aber, wenn man ihn zwischen den Fingern zerreibt.

Bodenprobe Oberboden Die dunkelbraune Färbung der obersten Bodenschicht ist eine Folge des Gehalts an organischem Material. Ist diese Schicht nur dünn (weniger als 10 bis 15 Zentimeter), dann dürfte der Boden eher nährstoffarm sein.
Ein fruchtbarer Boden kann eine satt dunkelbraune Färbung bis in etwa 25 Zentimeter Tiefe aufweisen.
Humoser Boden ist schwarz bis dunkelbraun, reich an Bodenleben, locker und krümelig. Seine Wasserhaltefähigkeit ist gut, der Nährstoffgehalt hoch.

Den Boden sanft bearbeiten

Durch Regen verschlämmt die ungeschützte Oberfläche des Gartenbodens und durch das Betreten oder Befahren wird er verdichtet. Dem sollten Sie entgegenwirken. Eine lang anhaltende Verbesserung der Bodenstruktur und damit auch der Fruchtbarkeit erreichen Sie durch sanfte, das Bodenleben schonende Methoden.

Den Boden lockern – nicht umgraben

Das Umgraben galt lange Zeit als die beste Methode, um einen gründlich gelockerten Boden zu erhalten. Heute weiß man aber, dass dadurch das für die Fruchtbarkeit entscheidende Bodenleben nachhaltig geschädigt wird. Sauerstoff liebende Kleintiere und Bakterien werden in tieferen Bodenschichten buchstäblich beerdigt und ersticken; Sauerstoff meidende Mikroorganismen, die man von unten nach oben befördert, sterben an der Luft. Der wertvolle Humus und die noch nicht zersetzten organischen Materialien werden in tiefere Schichten verlagert, wo sie als Nährstoffquelle nicht mehr zur Verfügung stehen.

Nur bei der Neuanlage eines Gartens oder sehr schweren, verdichteten, humusarmen Böden empfiehlt es sich, im späten Herbst tief umzugraben. Dabei sollten die Schollen möglichst locker liegen, damit sie im Laufe des Winters durch die so genannte Frostgare »zerfroren« werden. Ansonsten stehen Ihnen zwei sanfte Methoden zur Verfügung, mit denen Sie Ihren Gartenboden optimal auf Ansaat und Bepflanzung vorbereiten:

Durch Gründüngung Jede mechanische Lockerung – so tief und gründlich sie auch ist – wirkt nur vorübergehend. Nachhaltiger, schonender und zudem weniger schweißtreibend ist es, wenn Sie die Arbeit hauptsächlich der Natur überlassen: Mit der Ansaat von Luzerne oder Bienenfreund erreichen Sie mehr, als der Bauer mit seinem Pflug. Die Pflanzen dringen mit ihren Wurzeln tief in die Erde ein und hinterlassen nach ihrem Absterben reichlich Hohlräume und organisches Material.

Ein Schnitt durch einen Boden in starker Vergrößerung. Zwischen Mineralpartikeln und Humus sind zahlreiche mit Luft und Wasser gefüllte Hohlräume, in denen Mikroorganismen leben.

Auch Regenwürmer lockern durch ihr Graben die Erde. Durch ihre Ausscheidungen verbessern sie die Fruchtbarkeit des Bodens und schaffen aus tiefer liegenden Schichten Kalk an die Oberfläche.

Den Boden bearbeiten mit dem Mond

■■■■■■■■■■■■■■■■■■■■■■■■■■■

■ Bodenarbeiten wie Lockern oder Untergraben von boden-verbessernden Materialien werden durch die Kräfte des abnehmenden Mondes positiv beeinflusst.

■ Wenn Sie schon wissen, was Sie auf den einzelnen Beeten anpflanzen wollen, können Sie einen zusätzlichen positiven Impuls setzen: Bearbeiten Sie die Beete von Blattpflanzen an Wassertagen, von Fruchtpflan-zen an Feuertagen, von Blüten-pflanzen an Lufttagen und von Wurzelpflanzen entsprechend an Erdtagen.

■ Allgemein günstig für alle Erdarbeiten sind auch die Tage des absteigenden Mondes.

Optimal für alle Bodenbearbeitun-gen sind Jungfrauta-ge – Wurzeltage mit absteigender Kraft.

Mit Krail oder Grabgabel Vor der Ansaat sollten Sie den Boden oberflächlich immer etwas aufrauhen, da gerade die obersten Zentimeter durch Regengüsse leicht verschlämmen. Nur im spä-ten Herbst oder im zeitigen Frühjahr sollten die Gartenbeete zudem gründlich mechanisch gelockert werden. Mit einem Krail oder einem tiefer reichenden so genannten Sauzahn bereiten Sie Ihre Beete optimal für die nächste Ansaat vor – ohne die Boden-schichtung zu zerstören. Sie können zum sanften Lockern auch eine Grabgabel verwenden: Stechen Sie sie in Abständen von 20 bis 30 Zentimetern senkrecht in das Beet und bewegen Sie den Stiel seitwärts etwas hin und her, ohne die Scholle aufzunehmen.

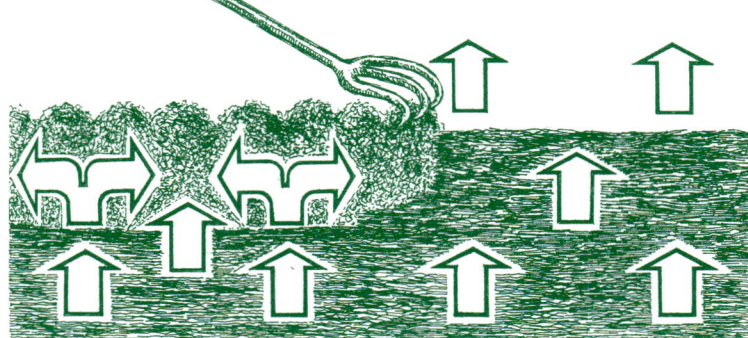

Hacken und ober-flächliches Lockern der Beete verringert die Wasserverluste durch Verdunstung und unterstützt die Belüftung.

Den Boden verbessern

Extrem leichte und extrem schwere Böden haben gravierende Nachteile, die die Fruchtbarkeit herabsetzen. Intensiv bewirtschaftete Böden, vor allem wenn sie häufig umgegraben wurden, haben oft nur einen geringen Humusgehalt. Das können Sie durch eine Reihe bodenverbessernder Maßnahmen ändern.

Tonmehle

Bei leichten, sandigen Böden können Sie das Wasserhaltevermögen durch fein vermahlene Tonmineralien (aus dem Gartenfachhandel) deutlich verbessern. Diese Steinmehle, die das vielfache ihres Eigengewichts an Wasser binden können, werden oberflächlich eingeharkt (bis zu ein Kilogramm pro Quadratmeter).

Steinmehle sind als Tonanteil in allen lehmiger Böden vorhanden. Deshalb ist nur bei sandigen Böden eine Zufuhr von außen sinnvoll.

Sand

Schwere, staunasse Tonböden können mit Sand aufgelockert werden. Da für den gewünschten Effekt pro Beet aber durchaus mehrere hundert Kilogramm Sand nötig sein können, ist diese Methode aufwendig und wird kaum praktiziert.

Humus

Den Humusgehalt des Bodens erhöhen Sie am besten durch Einbringen von Kompost (→ Seite 47 bis 51), Mulchen (→ Seite 52/53) und Gründüngung (→ Seite 54 bis 56). Vor allem bei der Neuanlage eines Gartens kann man den langsamen Prozess der Humusbildung auch durch organisches Material beschleunigen, das oberflächlich eingearbeitet wird. Besonders geeignet dafür ist Rindenhumus: kompostierte, mit Kalk und Nährstoffen angereicherte Nadelholzrinde. Rindenmulch dagegen ist für diesen Zweck viel zu sauer und zu nährstoffarm.

Torf

Dieser sehr langsam nachwachsende Rohstoff ist Hauptbestandteil der meisten Kultur- und Anzuchtsubstrate, und er wird immer noch zur Lockerung von Gartenbeeten eingesetzt. Abgesehen davon, dass durch den Torfabbau seltene Hochmoore zerstört werden, macht Torf im Garten auch keinen Sinn: Er enthält nahezu keine für die Pflanzen verfügbaren Nährstoffe, dafür aber viele Säuren, die wieder neutralisiert werden müssen. Auch der viel gepriesene bodenlockernde Effekt ist nur von kurzer Dauer.

Kalk

Bestimmen Sie regelmäßig und an verschiedenen Stellen im Garten den pH-Wert: Vorsichtige Kalkungen sind höchstens bei Werten unter 5,5 empfehlenswert.

Kalk beeinflusst den Säuregehalt des Bodens (pH-Wert) und damit die Löslichkeit bzw. Verfügbarkeit von Pflanzennährstoffen. Am besten können Nährstoffe bei einem leicht sauren pH-Wert zwischen 5,0 und 6,5 aufgenommen werden. Ist er niedriger, der Boden also stärker sauer, sinkt seine Fruchtbarkeit. Überschüssige Säuren können durch die Gabe von gemahlenem Kalkstein (Algen- oder kohlensaurer Kalk) gebunden werden, der etwa zehn Zentimeter tief in den Boden eingearbeitet wird. Aber Vorsicht! Tun Sie des Guten nicht zu viel. Eine Überkalkung führt bei vielen Pflanzen zu Mangelkrankheiten und ist nur schwer wieder rückgängig zu machen. Untersuchen Sie vorher mit einem Teststreifen aus dem Gartenfachhandel, ob Ihr Boden wirklich zu sauer ist und überhaupt Kalk braucht (→ Kasten unten).

Den Säuregehalt des Bodens bestimmen

1 Nehmen Sie aus zehn Zentimeter Tiefe eine Bodenprobe und entfernen Sie Steinchen und Pflanzenreste.
2 Lösen Sie zehn Gramm des luftgetrockneten Bodens in 30 Milliliter destilliertem Wasser, und warten Sie dann, bis sich die Erde wieder abgesetzt hat.
3 Tauchen Sie den pH-Teststreifen in die Flüssigkeit und vergleichen Sie ihn mit der beiliegenden Farbpalette.

Günstige pH-Werte für Gartenpflanzen

pH 4,0–5,0: Wald- und Moorbeetpflanzen sowie Koniferen
pH 5,5–6,0: Rasen, Kartoffeln
pH 6,0–6,5: Baum- und Beerenobst
pH 6,0–7,0: Gemüsepflanzen

Pflanzennährstoffe und ihre Wirkung

Nährstoff	Wirkung	Mangel
Stickstoff (N)	Fördert das Trieb-, Blatt- und Wurzelwachstum	Kümmerwuchs und ausgebleichte Blätter
Phosphor (P)	Ist für Blüten- und Fruchtbildung besonders wichtig	Spärlicher Blüten- und Fruchtansatz, rötlich-braune Blätter
Kalium (K)	Gewebefestigkeit und Wurzelbildung	Schlaffe Blätter, Blätter färben sich an den Rändern braun
Magnesium (Mg)	Wichtig für das Blattgrün	Vergilben der älteren Blätter, Blattadern bleiben grün
Eisen (Fe)	Wichtig für das Blattgrün	Vergilben der jüngeren Blätter, Blattadern bleiben grün

Düngen

Pflanzen können die Energie des Sonnenlichts nutzen, um aus Wasser und dem Kohlendioxid der Luft Zucker und Fett aufzubauen. Sie leben also von Luft, Licht und Wasser – vor allem, aber nicht ausschließlich.

Nährstoffe

Für die Bildung ihres Pflanzenkörpers, aber auch für Enzyme und Stoffwechselvorgänge, sind Pflanzen auf die Aufnahme einer ganzen Reihe von chemischen Elementen angewiesen. Sie werden »Pflanzennährstoffe« genannt, obwohl sie keinen verwertbaren Energiegehalt haben. Diese »Nährstoffe« können nur in einer ganz bestimmten Form, nämlich in Wasser gelöst, über die Wurzeln, manchmal auch über die Blätter, aufgenommen werden. Stickstoff (als Nitrat oder Ammonium), Phosphor (als Phosphat), Kalium, Magnesium und

Im Kreislauf der Nährstoffe spielt der Humus eine Schlüsselrolle.

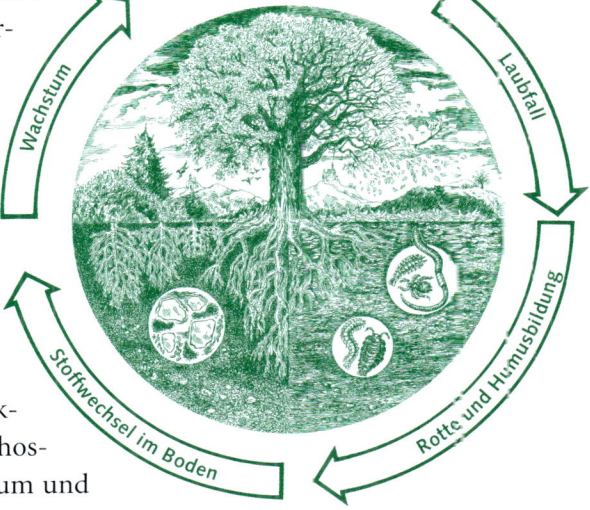

43

Kalzium braucht die Pflanze in größeren Mengen – man nennt sie deshalb auch die Hauptnährstoffe. Die so genannten Spurenelemente sind für die Pflanze ebenso zwingend nötig – aber nur in geringsten Mengen. Zu ihnen gehören z. B. Eisen, Kupfer und Mangan.

Richtig düngen

Alle wichtigen Nährstoffe brauchen die Pflanzen vor allem während ihrer Wachstumsphase. Da diese Stoffe dem natürlichen Kreislauf durch Ernte oder Rückschnitt entzogen werden, müssen sie auch im Biogarten wieder zugeführt werden. Ein Nährstoffmangel führt immer zu Beeinträchtigungen im Wachstum und in der Gesundheit der Pflanzen. Aber auch ein Zuviel kann schädlich werden, vor allem wenn Sie mineralische Düngesalze, den so genannten Kunstdünger, verwenden:

■ Ein Überangebot an Stickstoff führt zu einem übermäßigen Triebwachstum: Die Pflanzen schießen, ohne dass sie die nötige Festigkeit aufbauen können. Die Folge ist, dass sie leicht umknicken und anfällig für Krankheiten und Schädlinge werden.

■ Überschüssiger Dünger sammelt sich entweder im Boden an und »versalzt« ihn, oder er wird früher oder später ins Grundwasser ausgewaschen, wo er unser Trinkwasser mit Nitrat belastet.

Organische und mineralische Dünger

Im naturgemäßen Gartenbau sollten überwiegend organisch gebundene Dünger verwendet werden. Wenn Sie Ihre Pflanzen mit Hornspänen oder Mist versorgen, müssen diese Materialien von den Bodenlebewesen noch weiter abgebaut werden, bis die in ihnen enthaltenen Nährstoffe der Pflanze zur Verfügung stehen. Das geht nicht von heute auf morgen, vermindert aber die Gefahr einer Überdüngung und auch die oft schädlich hohen Nitratgehalte in vielen Gemüsen.

Ein großer Vorteil von organischen Düngern ist ihre allgemeine bodenverbessernde Wirkung. Kompost oder Mist lockern den Boden auf, bieten vielfältige Nahrung für die Bodenle-

Der Nährstoffbedarf von Pflanzen

■ ■

Je nachdem wie stark sie gedüngt werden müssen, teilt man Gartenpflanzen in drei Gruppen ein:

■ Starkzehrer mit einem hohen Bedarf an Nährstoffen sind z. B. Tomaten, Rhabarber, viele Kohlarten, Gurken, Kürbisse oder Rosen.

■ Mittelzehrer müssen nur mäßig gedüngt werden; zu ihnen gehören Kartoffeln, Möhren, Salat und die meisten Blütenstauden.

■ Schwachzehrer mit geringem Nährstoffbedarf sind z. B. Erbsen, Bohnen, Farne, viele mehrjährige Kräuter und reich wurzelnde ältere Gehölze. Bei einer humusreichen Erde ist hier keine zusätzliche Nährstoffgabe nötig.

bewesen, erhöhen die Wasserspeicherkapazität und wandeln sich in stabilen Humus um. Im Gegensatz zu Mineraldüngern sind organische Dünger eine langsam fließende Nahrungsquelle: Die Bodenorganismen setzen erst dann Nährstoffe frei, wenn die Natur wieder zu neuem Leben erwacht – im Frühjahr, wenn die Temperaturen steigen und auch die Pflanzen zu wachsen beginnen. Neben Kompost, dessen Nährstoffgehalt eher gering ist und der in größeren Mengen vor allem auch bodenverbessernd wirkt, stehen eine Reihe organischer Dünger zur Verfügung:

Horn-, Blut- und Knochenmehl

Sie sind einzeln oder als Mischung erhältlich. Je feiner sie gemahlen sind, desto schneller entfalten sie ihre Wirkung. Horn und Blut enthalten vor allem viel Stickstoff, Knochen sind reich an Phosphor. Für eine Volldüngung muss ihnen noch eine Kaliumquelle zugesetzt werden, z. B. Asche von unbehandeltem Holz.

Mist

Früher der verbreitetste Dünger, enthält er alle wichtigen Nährstoffe in einem ausgeglichenen Verhältnis. Stallmist verbessert außerdem Struktur und Wassergehalt der meisten Böden. Das

Auf leichten Sandböden werden Nährstoffe rascher abgebaut und aufgebraucht, deshalb muss man die Pflanzen öfter düngen als bei lehmiger Gartenerde.

Eine Vielzahl verschiedener Gartenwerkzeuge erleichtern die Arbeit.

fördert das Wurzelwachstum, und die Pflanzen nehmen mehr Nährstoffe auf. Vor seinem Einsatz sollte der Mist etwa ein halbes Jahr lang kompostiert werden. Am besten geeignet sind Rinder- und Pferdemist mit Stroheinstreu. Pferdemist entwickelt beim Abbau besonders viel Wärme und wird deshalb im Frühbeet gern als »Heizung« eingesetzt (→ Seite 93).

Guano

Wie Tauben- oder Hühnermist ist er stickstoff- und phosphor-reich, aber sehr ätzend und sollte deshalb nur sparsam und vor-sichtig angewendet werden.

Wann sind Mineraldünger sinnvoll?

Mineraldünger soll-te, wenn überhaupt, nur im Frühjahr eingesetzt werden. Stickstoffdünger dienen vor allem als Soforthilfe und als Startdünger.

So wertvoll eine rein organische Düngung auf lange Sicht hin ist – als »Erste Hilfe« für darbende Pflanzen ist sie nicht geeignet. Wenn der Dünger einmal schnell verfügbar sein muss, sollten Sie kurzfristig mineralischen Dünger verwenden. Auch bei kalter Witterung im Frühjahr kann es zu Engpässen in der Versorgung kommen: Je niedriger die Temperaturen, desto weniger aktiv ist das Bodenleben und desto weniger Nährstoffe werden freigesetzt.

Düngen mit dem Mond

■ Nützen Sie beim Düngen die Kräfte des Vollmondes oder die des abnehmenden Mondes.

■ An Wassertagen ist es beson-ders günstig, Blattpflanzen zu düngen, jetzt wird Magnesium besser aufgenommen.

■ An Feuertagen nehmen Fruchtpflanzen Nährstoffe leichter auf.

■ Die Düngung an Lufttagen unterstützt Blütenpflanzen, die dann Phosphor für die Blüten-bildung gut aufnehmen.

■ An Erdtagen sind viele wich-tige Nährstoffe für Wurzel-pflanzen besser verfügbar: Kalium wird an Stiertagen, Stickstoff an Steinbocktagen und Kalzium an Jungfrautagen besonders gut aufgenommen.

Kompostieren

Jeder ökologisch orientierte Gärtner wird sein besonderes Augenmerk darauf richten, aus organischen Abfällen wertvollen Humus zu gewinnen. Damit das Kompostieren aber auch wirklich funktioniert, sollte man einige Dinge beachten.

Komposthaufen oder Thermokomposter?

Der beste Platz für den Komposthaufen ist im Halbschatten unter lichten Sträuchern oder Bäumen. Dort sind die Feuchtigkeits- und Wärmeverhältnisse nicht allzu starken Schwankungen unterworfen. An einem zu sonnigen Platz trocknet der Kompost leicht aus und der Verrottungsprozess kommt zum Stillstand. Im tiefen Schatten dagegen wird das Material oft zu nass und fängt an zu faulen. Zur Kompostierung stehen ihnen verschiedene Methoden zur Verfügung:

Kompostmieten

Mieten können theoretisch in jeder Größe angelegt werden und sind vor allem in großen Gärten sinnvoll, in denen viel organisches Material anfällt. Mit wuchernder Kapuzinerkresse bepflanzt, können die »Haufen« durchaus einen hübschen Anblick bieten.

Kompostbehälter gibt es in den verschiedensten Ausführungen.

Kompostsilos

Silos haben nur einen geringen Platzbedarf, aber auch nur eine begrenzte Aufnahmekapazität. Sie sind vor allem für kleinere Gärten sinnvoll. Wählen Sie möglichst robuste und haltbare Behälter, bei denen die Seitenwände entfernt werden können.

Thermokomposter

Das sind geschlossene, isolierend wirkende Kunststoffbehälter. Die durch die Stoffwechselaktivität der Mikroorganismen entstehende Wärme wird weitgehend im Inneren gehalten – die

Dass der Kompost zu trocken ist, kommt eher selten vor. Deshalb sollte man bei starken Regenfällen den Haufen mit Folie oder Schilfmatten abdecken.

höheren Temperaturen beschleunigen den Verrottungsprozess. Thermokomposter sind relativ teuer und haben nur ein geringes Aufnahmevolumen. Da sie nur wenige Lüftungsschlitze besitzen, kommt es bei Nässe leicht zu übel riechenden Fäulnisprozessen. Deshalb muss man den Kompost hier optimal zusammensetzen und ihn mehrmals umsetzen.

Auf die Mischung kommt es an

Beim Aufschichten eines Komposthaufens ist es wichtig, luftiges mit dicht lagerndem, feuchtes mit trockenem und stickstoffreiches mit stickstoffarmem Material zu mischen. Die Verrottung der organischen Substanz besorgen Milliarden von spezialisierten Lebewesen. Für ihre Arbeit benötigen sie gleichmäßige Feuchtigkeit, ausreichende Durchlüftung, die richtigen Nährstoffe und ein nicht zu saures Milieu.

Sammeln Sie an einem speziellen Platz eine größere Menge verschiedener zerkleinerter organischer Materialien, bevor Sie die Kompostmiete aufschichten oder einen Kompostsilo füllen. Lockern Sie zuerst den Untergrund, damit die Bodenlebewesen von dort aus leicht hinaufsteigen und ihre Arbeit beginnen können. Das Material sollte in nicht zu dicken Lagen mindestens einen Meter hoch aufgeschichtet werden, damit sich die Zersetzungswärme gut halten kann. Vergessen Sie nicht, eventuelle Komposthilfen beizumischen. Danach wird der Komposthaufen zum Schutz vor dem Austrocknen mit einer Schicht angewelktem Rasenschnitt oder auch mit einer Stroh- oder Schilfmatte abgedeckt. Damit sich das Material in etwa sechs bis neun Monaten in krümeligen Kompost verwandeln kann, darf es nicht austrocknen, aber auch nicht zu nass werden. Während der Rottezeit wird der Kompost etwa alle drei Monate umgesetzt – so kommen dann auch die äußeren Schichten nach innen.

Reifer Kompost ist dunkelbraun, krümelig und riecht angenehm erdig. Machen Sie den Schnelltest: Der Kompost ist reif, wenn Kresse in ihm gut keimt und sich ihre Blätter nicht gelb verfärben.

Küchenabfälle, Grasschnitt, Laub und Holzhäcksel ergeben eine gute Mischung für den Kompost.

Komposthilfen

Eine Reihe von Zusatzstoffen fördern den Rottevorgang:

Organische Dünger

Bei einem großen Anteil an stickstoffarmen Materialien wie Gehölzhäcksel und Herbstlaub wird der Abbau durch Zusatz von Hornmehl oder Mist angeregt und beschleunigt.

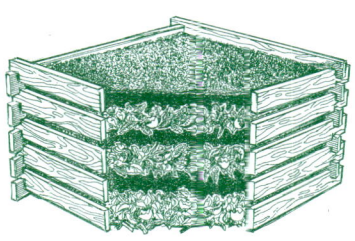

Ein guter Komposthaufen besteht aus wechselnden Schichten von dichterem und luftigerem Material.

Gesteins- oder Tonmehl

Damit fördern Sie die Kompostqualität. Verwenden Sie Produkte aus dem Fachhandel, oder nehmen Sie lehmige Gartenerde.

Kompoststarter

Sie beinhalten getrocknete Bakterien und Pilze und beschleunigen den Rottebeginn. Billiger und ebenso wirksam ist eine Schaufel reifer Kompost von einer anderen Miete oder vom Nachbarn.

Kalk

Kalk (→ auch Seite 42) sollte man dem Kompost vor allem dann zugeben, wenn man besonders saures Material (→ Tabelle Seite 42) einbringt oder kalkarme Gartenböden hat. Die Verrottung kann dadurch beträchtlich beschleunigt werden.

Kräuterauszüge

Baldrianbrühe erhöht die Komposttemperatur, Brennnesseljauche enthält viel Stickstoff und fördert den allgemeinen Abbau.

Komposterde im Garten

Kompost enthält neben den Hauptnährstoffen wichtige Mineralstoffe und Spurenelemente. Wenn das Kompostmaterial eher stickstoffarm war, ist es sinnvoll, organischen Dünger unterzumischen, wenn man den Kompost auf die Beete aufbringt. Den entscheidenden Beitrag zur Bodenverbesserung liefern die im Kompost enthaltenen Kleinstlebewesen, die in der Humusschicht der Gartenerde ihre nutzbringende Tätigkeit fortsetzen.

Durch die Eigenwärme des Komposthaufens werden viele Krankheitserreger und Unkrautsamen zerstört.

Das darf auf den Kompost

Material	Wirkung	Sonstiges
Baum- und Heckenschnitt	Luftig/stickstoffarm	Gehäckselt
Abgeerntete Gemüsepflanzen	Luftig/stickstoffhaltig	
Rinde	Luftig/trocken/sauer/stickstoffarm	
Obst- und Gemüseabfälle	Dicht/nass/stickstoffhaltig	Zitrusschalen nur in geringen Mengen
Rasenschnitt	Dicht/nass/ stickstoffreich	Vorher antrocknen lassen
Laub	Dicht/stickstoffarm	Vorher antrocknen lassen; nicht von stark befahrenen Straßenrändern
Kaffee- und Teesatz	Dicht/nass	Locken Regenwürmer an
Eierschalen	Trocken/kalkhaltig	Vorher zerkleinern
Mist	Dicht/stickstoffreich	Gut vermischen
Holzasche	Dicht/trocken/kalk- und kaliumreich/stickstoffarm	Nicht von lackierten oder imprägnierten Hölzern
Reste gekochter Speisen	Dicht/feucht	Nur in kleinen Mengen, Fleisch kann Ratten anziehen
Gartenerde, alte Blumenerde	Teils luftig, stickstoffhaltig, kalkreich	Kann gut als Zwischenschicht eingebaut werden

Das sollte nur unter Vorbehalt auf den Kompost

Zeitungspapier	Locker	Besser ins Altpapier
Unkräuter	Können aussamen, bzw. Ranken bilden	Wurzelunkräuter vorher vertrocknen lassen, Samenunkräuter nur vor der Blütenbildung
Kranke Pflanzenteile	Können Krankheiten weitergeben	Keine Pflanzen mit Welke- und Rutenkrankheit, Kohlhernie, Wurzelälchen; keine Fruchtmumien von Obstbäumen

Das sollte auf keinen Fall auf den Kompost

Illustrierte	Einzelne Farben enthalten Schwermetalle	Nur ins Altpapier
Glas und Kunststoff	Nicht kompostierbar, enthalten teilweise Schwermetalle	Nur in den Hausmüll, bzw. Wertstoffcontainer
Staubsaugerbeutel	Enthalten u.U. giftige Substanzen	Nur in den Hausmüll
Sonstige Aschen	Können Schwermetalle und andere giftigen Substanzen enthalten	Nur in den Hausmüll
Kehricht und andere gemischte Abfälle	Können Schwermetalle und andere giftigen Substanzen enthalten	Nur in den Hausmüll

Kompostieren mit dem Mond

▪ Bei abnehmendem Mond in einem Erdzeichen ist es günstig, den Komposthaufen anzulegen: Hier wird der erste Impuls zum Abgeben und zum Abbau gesetzt.

▪ Auch für das Umsetzen des Komposthaufens ist ein Tag bei abnehmendem Mond der rich-tige Zeitpunkt, vor allem ein Jungfrau- oder ein Steinbock-tag sind günstig.

▪ Das Aufbringen und Ein-arbeiten des Kompostes bei der Beetvorbereitung bzw. zum Düngen erfolgt am besten bei Vollmond oder bei abnehmen-dem Mond.

Verwendung von Kompost

▪ Mulchen unter Zier- und Obstgehölzen: Im Spätwinter oder Frühjahr können etwa fünf Liter halbreifer oder reifer Kompost pro Quadratmeter aufgebracht werden – eine weitere Düngung ist dann nicht mehr nötig.

▪ Für die Bodenverbesserung und Düngung bei Gemüsepflanzen: Im Frühjahr arbeitet man eine ein bis maximal zwei Zentimeter dicke Schicht reifen Kompost oberflächlich in die Beete ein. Als Mulchschicht und zur Düngung kann – wenn die Pflanzen kräfti-ger geworden sind – noch einmal bis zu zwei Zentimeter Kompost aufgetragen werden. Aber Vorsicht! Wurzelgemüse, Zwiebeln, Erbsen und Bohnen können sehr empfindlich auf nicht gut durchgerotteten Kompost reagieren.

▪ Als Substratanteil bei Kübelpflanzen und Balkonkästen: Mi-schen Sie gut verrotteten Kompost mit der gleichen Menge Erde. Geben Sie für säureliebende Pflanzen auch Holz oder Rinden-häcksel dazu.

Die Einsatzbereiche des Kompostes rich-ten sich nach dem Grad der Verrot-tung. Noch nicht ganz verrottetes Material erhalten Gehölzpflanzen, Beerensträucher und Obstbäume, ebenso Tomaten- und Gurkenbeete.

Vor der Verwendung wird der Kompost durch ein Sieb ge-worfen, um grobe, noch nicht verrottete Bestandteile auszu-sortieren.

Mulchen

»Nackte« Erde kommt in der Natur höchstens vorübergehend vor, denn sie hat gravierende Nachteile: Sie trocknet rasch aus und verschlämmt schon bei den ersten Regengüssen. Diesen im Garten so häufigen Problemen kann man mit Mulchschichten begegnen: Sie erhalten die Bodenfeuchtigkeit, bilden Humus und unterdrücken einen Großteil der Unkräuter. Außerdem schützen sie bodennah wachsende Früchte, z. B. Erdbeeren, vor Feuchtigkeit und Schmutz. In einigen Fällen können sie aber auch Probleme mit sich bringen:

Unter einer dichten Laubdecke können Regenwürmer und Kleinstlebewesen ihre Arbeit fortsetzen und hinterlassen einen lockeren, fruchtbaren Boden, der im Frühjahr kaum gelockert werden muss.

■ Neuansaaten sollte man grundsätzlich nicht mulchen, da sie durch möglicherweise im Mulchmaterial vorhandene Schädlinge oder Keimhemmstoffe in ihrem Wachstum behindert werden können.

■ Schnecken lieben Mulchschichten und können sich in ihrem Schutz stark vermehren. Bei stark durch Schneckenfraß gefährdeten Kulturen sind sie deshalb wenig zu empfehlen – es sei denn, Sie schützen das Beet durch einen Schneckenzaun.

Verschiedene Mulchmaterialien
Rasenschnitt
Er ist für alle Kulturen geeignet und kann auch auf vorbereitete Gemüsebeete aufgebracht werden. Lassen Sie das Material vorher etwas antrocknen und tragen Sie es nur wenige Zentimeter dick auf, sonst verbackt es leicht zu einer dichten Masse und fault. Bei höherem Grasschnitt besteht immer die Gefahr, dass man Samen von Unkräutern massenhaft ins Beet einschleppt. Grasmulch zersetzt sich schnell und muss im Lauf des Sommers bis zu zweimal erneuert werden.

Gemüseabfälle
Gemüseabfälle aber auch Unkräuter wie Brennnesseln, sofern sie noch keine Samen gebildet haben, können als dünne Mulchschicht auf dem Beet liegenbleiben.

Stroh

Dieses eher sperrige Mulchmaterial wird vor allem unter höher wachsenden Pflanzen eingesetzt. Unter Erdbeeren verhindert es, dass die Früchte schmutzig werden und durch engen Kontakt mit der feuchten Erde schimmeln und faulen. Wegen seines niedrigen Stickstoffgehalts sollten Sie zusammen mit Stroh immer auch einen organischen Dünger (z. B. Hornmehl) aufbringen.

Eine Strohmulch-schicht gewähr-leistet eine reiche Erdbeerernte.

Rindenmulch

Zerkleinerte Baumrinde ist relativ sauer und kann, in dicken Schichten ausgebracht, zu einer merklichen Senkung des pH-Werts im Boden führen. Deshalb ist es für säureliebende Wald- und Moosbeetpflanzen wie Rhododendren ebenso wie für Rosen optimal. Rinde enthält ebenso wie Holzhäcksel sehr wenige Nährstoffe, vor allem kaum Stickstoff.

Folien

Spezielle Mulchfolien aus dem Gartenfachhandel werden gern beim Anbau von Nutzpflanzen wie Erdbeeren oder Gurken verwendet. Das Gießen und Düngen wird dadurch aber erschwert.

Als Mulchschicht aufgebrachter stickstoffreicher Rasenschnitt düngt das Beet. Beim Abbau von Stroh und Rindenmulch wird dem Boden dagegen Stickstoff entzogen. Deshalb ist eine Ausgleichsdüngung nötig, damit die Pflanzen normal wachsen können.

Mulchen mit dem Mond

■ Das Aufbringen und Einharken des Mulchmaterials wird durch die Kräfte des Vollmonds und des abnehmenden Mondes unterstützt.

■ Sie können durch Beachtung der Trigone einen weiteren positiven Impuls setzen: das Mulchmaterial auf Beeten mit Blattpflanzen an Wassertagen, mit Fruchtpflanzen an Feuertagen, mit Blütenpflanzen an Lufttagen und mit Wurzelpflanzen an Erdtagen auftragen.

Gründüngung

Freie Bodenflächen verschlämmen und werden schnell von Unkräutern überwachsen. Neben dem Mulchen gibt es eine weitere Methode, das zu verhindern: die Gründüngung. Gezielt angesäte einjährige Pflanzen schützen und lockern den Boden und speichern vorhandene Nährstoffe in ihrer organischen Masse.

Gründüngung ist ganz einfach

So einfach ist Gründüngung:
1 Boden lockern
2 Breitwürfig einsäen
3 Samen einrechen
4 Eingießen
5 Mähen oder abhacken
6 Kompostieren

Säen Sie geeignete Gründüngungspflanzen (→ unten) breitwürfig auf Beete, die sonst für einige Zeit brachliegen würden. Die meisten Arten begrünen eine Fläche innerhalb weniger Wochen. Grundsätzlich können Sie Gründüngungspflanzen vom Frühjahr bis in den September ansäen. Spätestens zur Blüte werden ihre oberirdischen Teile abgehackt oder gemäht, damit die Pflanzen nicht aussamen. Sie werden auf den Kompost gebracht oder zum Mulchen verwendet. Ein Großteil der organischen Masse ist schon in der Erde: Die Wurzeln, die bei manchen Arten metertief reichen, verrotten schnell und hinterlassen eine Fülle feiner »luftiger« Röhren.

Pflanzen für die Gründüngung

Für die Gründüngung geeignete Pflanzen gehören verschiedenen Gruppen an:

Schmetterlingsblütler

Lupinen, Klee und Wicken sind in der Lage, in ihren Wurzelknöllchen Stickstoff anzureichern. Sie bewerkstelligen das mit Hilfe von Bakterien, den Rhizobien, die mit ihnen in Symbiose leben und gasförmigen Stickstoff aus der Luft binden können. Bei der »Ernte« sollten die Wurzeln als Stickstoffspender unbedingt im Boden belassen werden.

Die Vorteile der Gründüngung

- Das Begrünen kahler Flächen schützt vor dem Austrocknen und Verschlämmen und vor Erosion.
- Der Boden wird tiefgründig gelockert, die Oberfläche beschattet. Das fördert die die Aktivität der Bodenlebewesen – besonders wichtig, wenn Sie einen Garten neu anlegen.

- Die Erde wird auf natürliche Art und Weise mit Humus und Nährstoffen angereichert.
- Restnährstoffe werden im Boden gebunden und so vor dem Auswaschen bewahrt. Das Wachstum unerwünschter Unkräuter wird unterdrückt, Bodenkrankheiten und Nematoden abgewehrt.

Zu den Gründüngungspflanzen gehören auch die wunderschön blühende Tagetes (Studentenblume), der auf magerem Boden wachsende Buchweizen und die als Heilpflanze bekannte Ringelblume.

Kreuzblütler

Kreuzblütler wie etwa Senf oder Raps wachsen extrem schnell und holen Nährstoffe auch aus tieferen Bodenschichten herauf. Dadurch bewahren sie die Nährstoffe vor dem Auswaschen und lockern den Boden tiefgründig. Daneben produzieren sie innerhalb kurzer Zeit große Massen organischer Substanz – je nach Art bis spät in den Herbst hinein. Speziell der Ölrettich wirkt auch gegen die mikroskopisch kleinen schädlichen Fadenwürmer (Nematoden).

Für den Gemüsegarten sind die Kreuzblütler jedoch nicht immer geeignet, den sie können das Ausbreiten der gefürchteten Kohlhernie fördern. Deshalb sollten sie nie in Fruchtfolge mit anderen Kreuzblütlern wie Kohl, Rettich und Radieschen angesät werden.

Winterharte Arten

Winterroggen und Winterwicke werden im September, spätestens Anfang Oktober gesät und bleiben bis im Frühjahr auf dem Beet stehen. Sie tragen entscheidend zur Verminderung der im Winter besonders gravierenden Stickstoffauswaschung bei. Für schwere Böden eignet sich auch Winterraps, der schon ab Mitte August gesät werden sollte.

Schmetterlingsblütler wie z. B. Erbser können über ihre so genannten Knöllchenbakterien den Boden mit Stickstoff anreichern.

55

Gründüngung mit dem Mond

■ ■

■ Für die Ansaat und das Einarbeiten der Gründüngung ist die Zeit des abnehmenden Mondes am günstigsten.

■ Sie können einen zusätzlichen positiven Impuls setzen, indem Sie die Gründüngungspflanzen im absteigenden Mond ansäen und einarbeiten.

■ Die Prokuktion von viel Blattmasse wird durch die Kräfte an Krebs- oder Skorpiontagen und gute Wurzelbildung an Jungfrautagen unterstützt.

Samenmischungen

Im Fachhandel gibt es fertige Samenmischungen von Gründüngungspflanzen für verschiedene Bodentypen. Darunter sind auch farbenfrohe Blütenpflanzen wie Studentenblume, Bienenfreund und Ringelblume. Der Studentenblume wird eine ähnliche Wirkung gegen Fadenwürmer nachgesagt wie dem Ölrettich.

Säen und Pflanzen

Beachten Sie beim Einkauf: Zwiebeln und Knollen dürfen keine dunklen oder verpilzten Stellen aufweisen und sollen sich fest und elastisch anfühlen. Stauden sollten kompakt und buschig sein und gesunde grüne Blätter besitzen.

Gartenpflanzen haben unterschiedliche Ansprüche. Bevor Sie mit dem Säen und Pflanzen beginnen – besonders, wenn es sich um ausdauernde Gewächse handelt – sollten Sie überprüfen, ob die Pflanzen, die Sie gerne hätten, für Ihren Garten geeignet sind. Nur Pflanzen, die an ihren Standort passen, werden Ihnen auf Dauer Freude machen. Bedenken Sie vor dem Einkauf besonders:

■ Ist der geplante Standort sonnig, halbschattig oder schattig?

■ Haben Sie in Ihrem Garten einen eher schweren und feuchten oder einen leichten und trockenen Boden?

■ Ist die Erde nährstoffreich und hat sie eine dicke Humusschicht, oder ist sie eher steinig-karg?

■ Ist Ihr Boden besonders kalkreich oder eher sauer?

■ Haben Sie Zeit, sich intensiv um anspruchsvolle Pflanzen zu kümmern, oder soll der Garten ohne größere Pflege auskommen?

Aussaat

Um keine Enttäuschung zu erleben, sollten Sie auf das Haltbarkeitsdatum der Samenpackungen achten. Auch in einer Keimschutzpackung haben Samen nur eine begrenzte Lebensdauer – vor allem, wenn sie warm gelagert werden. Große Samen, wie die von Kürbis oder Bohnen, keimen leichter, wenn sie vor der Ansaat einen Tag in Wasser vorgequollen sind.

Aussaat direkt ins Freiland

Am einfachsten ist es, direkt ins Beet auszusäen. Der im Herbst tiefgründig gelockerte Boden wird noch einmal geharkt und danach mit dem Rechen geglättet. Beim Säen ins Freiland sollten Sie außerdem Folgendes beachten:

■ Der Aussaattag darf nicht zu sonnig sein. Bei warmem Wetter keimen die Samen zwar am besten, sie können aber auch sehr leicht vertrocknen. Wählen Sie auch einen nicht zu frühen Termin: Spätfröste und nasskaltes Wetter können die Keimung verhindern und junge Pflänzchen schädigen.

■ Beim Säen ist entscheidend, wie tief die Samenkörner ausgelegt werden. Als Faustregel gilt: doppelt so tief, wie ihr Durchmesser beträgt. Bei den meisten Arten genügt eine hauchdünne Abdeckung mit Sand oder fein gesiebter Komposterde. Gartenneulinge haben vor allem mit sehr feinen Samenkörnern, z. B. von Möhren, Probleme: Sie säen solche Arten meist viel zu dicht. Das verhindern Sie ganz einfach, indem Sie die Samen mit etwas Sand vermischt in die Saatrillen streuen.

■ Der günstigste Abstand zwischen den Saatreihen ist auf der Samenpackung angegeben. Da aber auch vom besten Saatgut nicht jeder Samen keimt, sollten Sie in der Reihe etwa doppelt bis dreimal so dicht ansäen, wie die Pflanzen später stehen sollen. Wenn die Keimlinge erstarkt sind, zupfen Sie einfach die überzähligen und die schwachen Pflänzchen heraus.

Flachfolien oder Folientunnel schützer empfindliche Pflanzen im zeitigen Frühjahr

Samen gibt es auch in Pillenform mit keimfördernder Umhüllung. Saatbänder erleichtern die Aussaat, da die Samenkörner im richtigen Abstand eingearbeitet sind.

■ Nach der Aussaat müssen Sie gießen, aber vorsichtig, damit die Samen nicht weggeschwemmt werden. In den nächsten Wochen ist gleichmäßige Feuchtigkeit entscheidend: Schon ein kurzfristiges Austrocknen der Bodenoberfläche kann keimende Samen und junge Pflänzchen absterben lassen.

Wenn Sie in Reihen aussäen, erleichtern Sie sich das spätere Bearbeiten der Anbaufläche, denn gleichzeitig sprießende Unkräuter können so besser erkannt und mit einer Ziehhacke entfernt werden.

■ Um die Keimung zu beschleunigen, kann man die Saatbeete mit Jutesäcken oder Folie abdecken. Dann trocknen die Samen auch nicht so leicht aus. Allerdings muss die lichtundurchlässige Jute sofort nach erfolgter Keimung entfernt werden – durchsichtige Folie kann dagegen noch einige Zeit liegen bleiben.

Vorkultur

Die sicherste Ansaattechnik ist die etwas aufwendige Vorkultur unter Glas oder auf dem Fensterbrett. Für viele wärmebedürftige Blumen- oder Gemüsearten bildet sie die einzige Möglichkeit, rechtzeitig im Jahr aus Samen gesunde Pflanzen heranzuziehen. Beachten Sie dabei besonders:

■ Die Aussaat erfolgt in Schalen mit gleichmäßig, aber auch mäßig feuchtem Anzuchtsubstrat. Ebenso wie bei der Freilandaussaat

Das Gewächshaus

Ein Gewächshaus bietet viele Vorteile bei der Anzucht und dem Anbau kälteempfindlicher Gemüsepflanzen wie Gurken, Tomaten und Paprika. Neben verschieden großen frei stehenden Ausführungen gibt es auch für den kleinen Garten geeignete Anlehngewächshäuser. Sie ähneln einem Wintergarten, brauchen nicht viel Platz und können auch als zusätzlicher Aufenthaltsraum genutzt werden. Wer in einem Gewächshaus schon früh im Jahr Pflanzen heranziehen möchte, sollte darauf achten, dass das Gewächshaus möglichst hell steht. Im Sommer muss man gut lüften, und unbedingt auch eine Beschattungsmöglichkeit einbauen, damit die Pflanzen nicht verbrennen.

sollten die Samen nicht zu dicht gesät werden – die Konkurrenz zwischen den Keimlingen ist sonst zu groß.

■ Vermeiden Sie Zugluft – bei unvorsichtigem Lüften – oder zu hohe Temperaturen durch Heizung oder direkte Sonneneinstrahlung. Die jungen Pflanzen haben noch kaum Wurzeln und können sehr schnell welken. Direkte Sonne durch die Fensterscheibe verbrennt die zarten Blättchen in kürzester Zeit. Andererseits brauchen sie möglichst viel Licht, sonst bilden sie nur lange, schwache Triebe aus, die ihr eigenes Gewicht kaum tragen können.

■ Wenn die Pflänzchen zu eng stehen oder groß genug sind, dass man sie gut anfassen kann, sollten sie vereinzelt (der Gärtner sagt »pikiert«) werden. Dazu nimmt man die kräftigsten Pflänzchen vorsichtig mit einem flachen Holzstäbchen oder einer Gabel heraus und setzt sie in größere Töpfe um.

Tomaten, Paprika und wärmeliebende Kräuter wie Basilikum sollten Sie auf der Fensterbank oder unter Glas vorziehen, bevor sie ausgepflanzt werden.

Auspflanzen

Die beste Zeit zum Auspflanzen von Blumen und Gemüse ist nach den so genannten Eisheiligen (12. bis 15. Mai), also Mitte bis Ende Mai, wenn in den meisten Gegenden keine Spätfröste mehr zu erwarten sind. Von Ihnen selbst unter Glas oder auf der Fensterbank angezogene Jungpflanzen müssen vorher abgehärtet werden: Stellen Sie sie für ein paar Tage an einen schattigen, geschützten Platz im Garten, wo sie sich langsam an die direktere Sonneneinstrahlung und das rauhere Freilandklima gewöhnen können. Beim Gärtner gekaufte Jungpflanzen sollten eigentlich schon abgehärtet sein. Zur Sicherheit sollten Sie aber zumindest darauf achten, die Pflanzen an einem bewölkten, nicht zu heißen und nicht zu kalten und windigen Tag auszupflanzen.

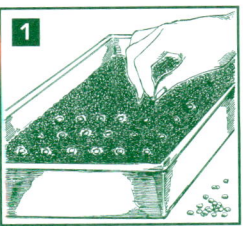
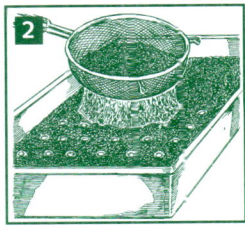
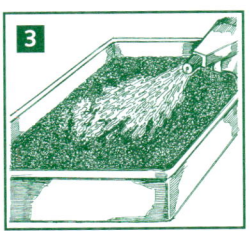
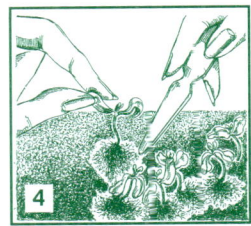

Vorkultur:
1 Säen
2 Mit Substrat übersieben
3 Anfeuchten
4 Kräftige Pflänzchen herausnehmen
5 In Töpfchen umsetzen

Säen und Pflanzen mit dem Mond

■ ■

■ Durch die nach oben gerichteten wachstumsfördernden Kräfte des zunehmenden und des aufsteigenden Mondes ist die Aussaat und Pflanzung von Blatt-, Frucht- und Blütenpflanzen in dieser Zeit besonders günstig.

■ Der abnehmende und der absteigende Mond lassen die Kräfte in die unteren Pflanzenteile strömen. Die Wurzelbildung wird aktiviert und Wurzelpflanzen können gut anwachsen.

■ Bei Voll- und Neumond wechseln die Impulse des Mondes von Aufnahme zu Abgabe bzw. umgekehrt. Da die Pflanze beim Anwachsen aber eine gleichbleibend bestärkende Kraft braucht, sind diese Tage für das Säen, Anpflanzen und Umpflanzen ungeeignet.

■ Sie können einen zusätzlichen positiven Impuls setzen, wenn Sie zudem die Tierkreiszeichen in den vier Trigonen beachten: Säen und pflanzen Sie Blattpflanzen an Wassertagen – besonders im Krebs und Skorpion, Fruchtpflanzen an Feuertagen – am besten im Löwen, Blütenpflanzen an Lufttagen – besonders in der Waage und Wurzelpflanzen an Erdtagen – vor allem im Zeichen der Jungfrau.

Auch vorgezogene oder gekaufte Jungpflanzen müssen in ausreichendem Abstand gesetzt werden. Nur dann bekommen sie genügend Luft und Sonne und können sich gut entwickeln.

Beachten Sie beim Auspflanzen besonders:

■ Heben Sie ein passendes Pflanzloch aus, das immer etwas größer sein sollte als der Wurzelballen.

■ Mischen Sie etwas sanften organischen Dünger wie Hornspäne oder Blutmehl und fein gesiebten, reifen Kompost dazu.

■ Stellen Sie die Pflanze mit dem Wurzelballen hinein, füllen Sie mit Erde auf und drücken Sie von allen Seiten vorsichtig an.

■ Gießen Sie dann die Pflanzen kräftig, damit die feinen Erdteilchen zwischen die Wurzeln einschlämmen können. Halten Sie sie auch während der nächsten Tage gleichmäßig feucht.

■ Sammeln Sie besonders in den ersten Tagen nach dem Auspflanzen Schädlinge wie Raupen oder Schnecken ab, da diese in einer Nacht ein neu bepflanztes Beet kahl fressen können.

Unkraut jäten

Im Gemüsebeet oder bei neu angepflanzten Blumenstauden können schnell wachsende »Unkräuter« die Gartenpflanzen schlichtweg überwuchern. Auf jeden Fall treten sie in starke Konkurrenz zu ihnen. Außer durch Mulchen (→ Seite 52/53) dämmt man das unliebsame Wachstum von Wildkräutern am besten durch regelmäßiges Jäten und Hacken ein:

■ Frisch gekeimte Unkräuter werden am besten bei trockener Witterung mit einer Ziehhacke herausgezogen. Lassen Sie die entwurzelten Pflänzchen einfach auf dem Beet liegen: Sie vertrocknen dort. Wenn es kühl und feucht ist, sollten Sie sie aber entfernen.

■ Größer gewordene Unkräuter sollten Sie vor ihrer Samenreife hacken oder – bei feuchtem Boden – mitsamt der Wurzel herausziehen. Manche Arten wie der Löwenzahn bilden tiefe Pfahlwurzeln, die ganz entfernt werden müssen, damit die Pflanze nicht mehr austreiben kann. Man holt sie am besten mit einem speziellen Unkrautstecher heraus.

■ Wurzelunkräuter wie die Ackerwinde sind noch wesentlich hartnäckiger, da sie dünne, unterirdische Ausläufer bilden, aus denen sie immer wieder austreiben können – auch aus kleinsten Bruchstücken derselben. Bei ihnen hilft nur, »am Ball zu bleiben«: Keine Pflanze hält Jäten und Hacken auf Dauer aus.

Nicht jedes wild wachsende Kraut ist ein Unkraut. Überlegen Sie sich, bevor Sie jäten, ob der Löwenzahn oder andere teilweise durchaus hübsche Pflanzen wirklich stören oder das Gartenbild eher bereichern.

Unkraut jäten mit dem Mond

■ Unkräuter sollten grundsätzlich bei abnehmenden Mond entfernt werden. Wurden sie vorher bei zunehmenden Mond durch Hacken zum Keimen angeregt, ist das Jäten besonders effektiv.

■ Einen zusätzlichen positiven Impuls setzen Sie, wenn der Boden zum Austreiben der Unkräuter an einem Löwetag im zunehmendem Mond gelockert wird. Jäten Sie danach bei abnehmendem Mond an einem Steinbocktag, dann lassen die aufsteigenden Kräfte dieses Erdzeichens nur wenige Unkräuter nachkommen.

Unkräuter mit langen Pfahlwurzeln oder unterirdisch verzweigten Wurzelausläufern sind besonders hartnäckig und müssen immer wieder gründlich entfernt werden.

Ganz verhindern kann man Unkräuter nicht. Im Mulchmaterial oder Kompost werden immer auch einige Unkrautsamen enthalten sein. Leichte Samen, wie die des Löwenzahns, werden einfach vom Wind verfrachtet. Jäten und Hacken gehören deshalb zu den regelmäßigen Arbeiten auf den Beeten.

Fruchtfolge und Mischkultur

Besonders im intensiv genützten Gemüsegarten ist es wichtig, dass Sie die Bodenfruchtbarkeit auf lange Sicht erhalten. Neben sanften Bearbeitungmethoden und dem Versorgen des Bodens mit Humus gehört dazu vor allem die Beachtung der Fruchtfolge. Zusätzlich können Sie durch geschickte Mischkultur positive Effekte zwischen einzelnen Pflanzen ausnützen und vermeiden, dass sich Pflanzen gegenseitig stören.

Warum soll man Fruchtfolgen einhalten?
Auslaugen der Böden

Beispiel einer dreijährigen Fruchtfolge auf vier Beeten:
a: Starkzehrer
b: Dauerkultur
c: Mittelzehrer
d: Schwachzehrer

Ein ausgewogener Wechsel zwischen verschieden stark zehrenden Pflanzen verbessert die Wachstumsbedingungen und verhindert, dass der Boden ausgelaugt wird. Im Idealfall folgt auf einen mit viel organischem Dünger angebauten Starkzehrer (z. B. Kohl) im nächsten Jahr eine Gemüseart, die sich mit weniger Nährstoffen

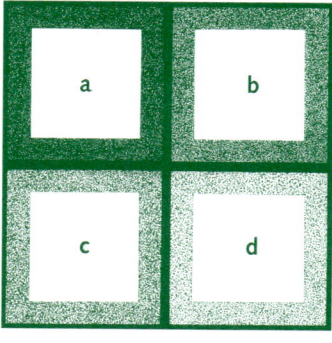

1. Jahr

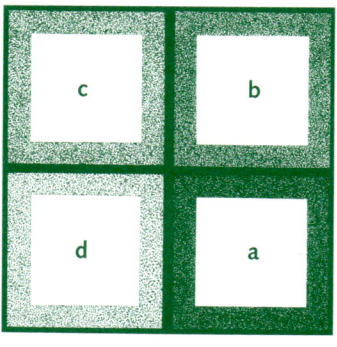

2. Jahr

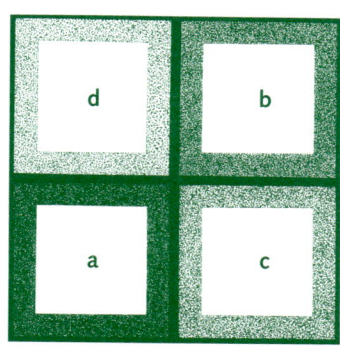

3. Jahr

zufrieden gibt (z. B. Salat oder Karotten). Im dritten Jahr wäre dann der Anbau eines Stickstoff sammelnden Schmetterlingsblütlers ideal (alle Hülsenfrüchte). Im biologisch-dynamischen Landbau hat sich bei der Fruchtfolge ein Wechsel zwischen Blatt-, Wurzel-, Frucht- und Gründüngungspflanzen bewährt.

Krankheiten und Parasiten

Grundsätzlich sollte ein Gemüse erst nach mehreren Jahren wieder auf dem gleichen Beet angebaut werden. Das gilt im wesentlich auch für Arten derselben Familie. Durch ihre gleichen oder ähnlichen Ansprüche entziehen solche Pflanzen dem Boden einseitig Nährstoffe und reichern ihn mit ihren speziellen Absonderungsprodukten an. Außerdem können sich Krankheiten leichter bilden und ausbreiten. Am größten ist diese Gefahr beim wiederholten Anbau von Kreuzblütlern, zu denen alle Kohlgewächse, aber auch Rettich und Radieschen gehören. Sie begünstigen die Vermehrung von Fadenwürmern (Nematoden), die die Wurzeln verschiedener Pflanzenarten schädigen. Zudem steigt mit jedem Jahr die Gefahr, dass die gefürchtete Kohlhernie – eine äußerst hartnäckige Pilzerkrankung – ausbricht.

Mischkultur

Ein in Mischkultur angelegter Garten hat die Natur zum Vorbild. Sie zeigt eine vielfältige Gemeinschaft von Pflanzen, die miteinander und voneinander leben. Denn Pflanzen können für andere Arten gute oder schlechte Nachbarn sein.

Konkurenz Dabei spielt unter anderem die Konkurrenz um Nährstoffe, Licht und Wasser eine große Rolle. Deshalb wachsen z. B. Rüben oder Knollengemüse gut neben Fruchtgemüsen, die sich hauptsächlich über der Erde entwickeln – beide Arten ergänzen sich sozusagen in ihren Platzansprüchen. Die nahe verwandten Tomaten und Kartoffeln dagegen kommen sich mit ihren sehr ähnlichen Ansprüchen ins Gehege und können sich mit speziellen Krankheiten gegenseitig anstecken.

Durch den Anbau von Hülsenfrüchten, alle drei bis vier Jahre, kann man die Fruchtbarkeit des Bodens erhalten und fördern.

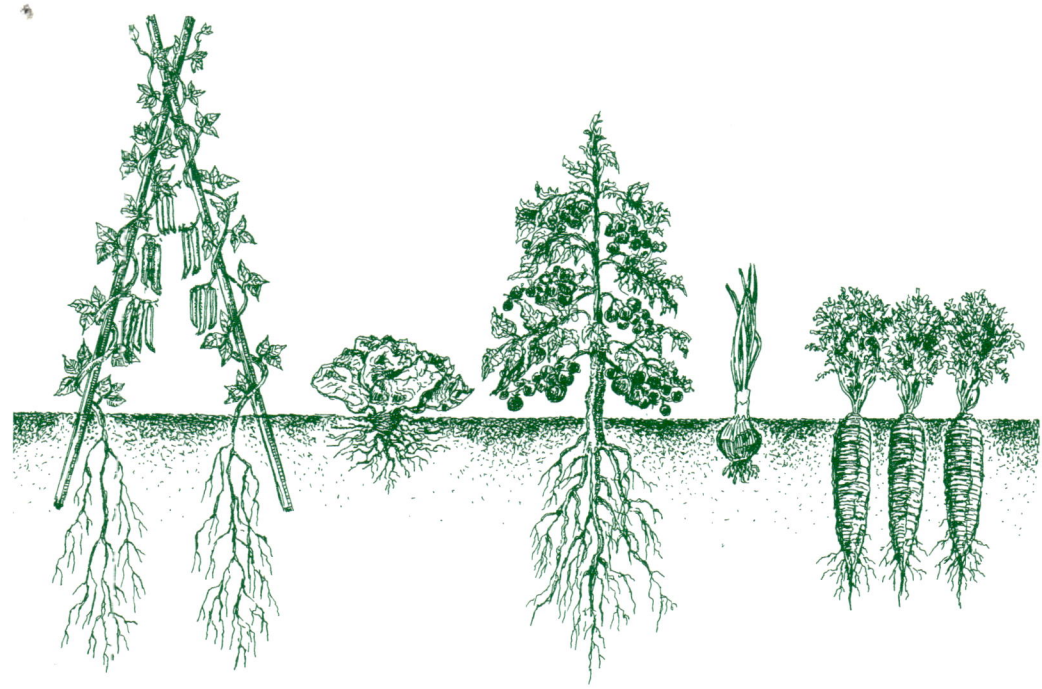

Tief und flach wurzelnde Gemüse holen sich Wasser und Nährstoffe aus unterschiedlichen Bodentiefen. Deshalb konkurrieren sie nur wenig miteinander und können gut nebeneinander kultiviert werden.

Wachstumshemmer Ob Pflanzen gute oder schlechte Nachbarn sind, kann auch weniger offensichtliche Ursachen haben: Einige Arten scheiden über ihre Wurzeln Stoffe aus, die das Wachstum anderer hemmen können.

Düfte gegen Schädlinge Auch stark duftende ätherische Öle, die über Blüten und Blätter abgegeben werden, können eine anziehende oder abstoßende Wirkung ausüben. Karotten und Zwiebeln passen deshalb so gut zusammen, weil sie sich mit ihrem starken Geruch gegenseitig die Schädlinge vom Leib halten.
Knoblauch und Pfefferminze halten durch ihren intensiven Duft Schädlinge von anderen Pflanzen fern. Das gleiche gilt für Sellerie, der als Schutzpflanze in Kohlbeeten dafür sorgt, dass Raupen abgewehrt werden. Und weil Studentenblumen Schwebfliegen anlocken, die sich von Blattläusen ernähren, stehen sie günstig in der Nachbarschaft von Kapuzinerkresse, die häufig von Läusen befallen wird.

Mischkultur: Welche Pflanzen passen zusammen?

	Bohnen	Endivien	Erbsen	Erdbeeren	Fenchel	Gurken	Kartoffeln	Knoblauch	Kohl	Lauch	Mangold	Karotten	Petersilie	Radieschen	Rote Bete	Salat	Schwarzwurzeln	Sellerie	Spargel	Spinat	Tomaten	Zucchini	Zwiebeln
Bohnen			−		−	+		−	+	−				+	+	+		+				+	−
Endivien					+							+	−			+					+		+
Erbsen	−				+	+	−	−	+	−				+		+					−		
Erdbeeren							+	+	+					+		+							+
Fenchel	−	+	+			+								−		+					−		
Gurken	+		+		+				+	+				−	+	+		+	+		−		+
Kartoffeln		−							−					−				−		−	−		
Knoblauch	−		−	+		+			−			+			+	+					+		
Kohl	+		+	+		+	−	−		+	+			+	+	+		+			−	+	−
Lauch	−		−	+		+			+			+	+	−	+	+	+				+		
Mangold									+			+		+									
Karotten		+	+					+		+	+			+		+					+		+
Petersilie		−						+		+				+		−					+		+
Radieschen	+		+	+	−	−			+		+	+	+			+				+	+		
Rote Bete	+				+	−		+	+	−						+	−						+
Salat	+	+	+	+	+	+		+	+	+		+	−	+	+		+	−	+		+		+
Schwarzwurzeln										+						+							
Sellerie	+					+	−		+						−	−					+		
Spargel					+											−					+		−
Spinat					−	+								+							+		
Tomaten		+	−	−	−	−	+	+	+			+	+	+		−		+	+	+			
Zucchini	+																						+
Zwiebeln	−	+	−	+		+			−			+	+	+	+			−				+	

+ Diese Pflanzen fördern sich gegenseitig in ihrem Wachstum.

− Diese Pflanzen hemmen sich gegenseitig in ihrem Wachstum.

Alle anderen Kombinationen verhalten sich neutral.

Gießen

Wie ein warmer Sommerregen sollte das Gießen für ihre Pflanzen sein. Verwenden Sie deshalb möglichst temperiertes Regenwasser.

In einem bewachsenen, humosen Garten, der keine oder nur sehr wenige unbedeckte Flächen aufweist, wird der Wasserbedarf der Pflanzen normalerweise durch die natürlichen Niederschläge gedeckt. Die Feuchtigkeit hält sich gut im Boden, die Verdunstung ist auf ein Minimum beschränkt. Häufiger Gießen müssen Sie nur in ganz bestimmten Fällen:

- Bei sehr leichten, sandigen Böden
- In der ersten Zeit nach dem Ansäen oder Anpflanzen
- Während langer hochsommerlicher Hitzeperioden
- An regengeschützten Stellen im Garten

Beachten Sie dabei besonders:

- Gießen Sie möglichst am Morgen, wenn der Boden noch kühl ist und nur wenig Wasser verdunstet. Bis zum heißen Mittag sind die Pflanzen abgetrocknet und mit Wasser vollgesogen – die sengende Sonne kann ihnen dann nichts mehr anhaben. Abendliches Gießen dagegen fördert das Auftreten von Pilzkrankheiten.
- Verwenden Sie bevorzugt aufgefangenes Regenwasser – das schont nicht nur die Umwelt, sondern auch Ihre Pflanzen, denn es ist in jedem Fall temperiert und weich.
- Gießen Sie lieber selten und durchdringend als häufig und oberflächlich. Um einen ausgetrockneten Boden in bis zu 30 Zentimeter Tiefe zu befeuchten, brauchen Sie etwa 30 Liter Wasser pro Quadratmeter.

Gießen mit dem Mond

- Gießen sollte man bevorzugt bei Vollmond oder bei abnehmenden Mond, da die Pflanzen dann das Wasser am besten aufnehmen können.
- Besonders günstig sind alle Wassertage, auch an Erdtagen ist Gießen effektiv.
- An Lufttagen sollte man das Gießen möglichst vermeiden.

Pflanzenschädlinge

Auch für Pflanzen gilt: Wenn es ihnen gut geht, sind sie wider-
standsfähiger gegen Krankheiten. Es gibt robuste Arten, die mit
fast jedem Standort oder Klima zurechtkommen, aber auch emp-
findlichere Arten, die hohe Ansprüche an die äußeren Bedingungen stellen. Sowohl im Nutz- als auch im Ziergarten sind jedoch
hochgezüchtete Sorten mit besonders großen Früchten oder Blüten oft anfälliger gegenüber Schädlingen und Krankheiten.

Brühen und Jauchen

Wenn Boden, Standort, Pflege und die Nachbararten stimmen,
können Gartenschädlinge Ihren Pflanzen in der Regel nur wenig
anhaben. Mit einfach herzustellenden Pflanzenauszügen können
Sie die Pflanzen bei der Schädlingsabwehr unterstützen. Nach der
Art der Zubereitung unterscheidet man Brühen und Jauchen.
Man rechnet etwa ein Kilogramm frische Pflanzenmasse (oder
150 Gramm getrocknete) auf zehn Liter Regenwasser:

Brühe

Für eine Brühe werden zerkleinerte Pflanzenteile einen Tag lang
mit Wasser angesetzt, dann aufgekocht und nach dem Abkühlen
filtriert. Man spritzt sie 1:10 verdünnt über die ganze Pflanze.

Jauche

Hier werden die Pflanzenteile kalt angesetzt und ein bis zwei Wochen vergoren.
Während dieses Zeitraums
muss häufig umgerührt werden.
Wenn die Geruchsentwicklung
zu stark wird, können Sie eine
Handvoll Steinmehl zusetzen.
Jauchen werden 1:20 verdünnt
und meist im Wurzelbereich
gegossen oder gespritzt.

Zum Herstellen einer
Pflanzenjauche brau-
chen Sie ein großes
Gefäß, Wasser, Kräuter
und etwas Steinmehl.

Kräuterbrühen und -jauchen

■ Brennnesseljauche hat eine zweifache Wirkung: Durch ihren hohen Stickstoff- und Eisengehalt düngt sie die Pflanzen, gleichzeitig wehrt sie die meisten Pflanzensauger ab.

■ Beinwelljauche oder -brühe hat einen besonders hohen Stickstoffgehalt.

■ Knoblauch-Zwiebel-Jauche steigert die Abwehrkräfte, vor allem bei Kartoffeln und Erdbeeren.

■ Schachtelhalmbrühe hat einen hohen Kieselsäuregehalt und kann bei Pilzerkrankungen und gegen Milbenbefall angewendet werden. Außerdem unterstützt sie das Wachstum.

■ Rainfarnbrühe ist reich an Kalium und macht vielen Pflanzenschädlingen das Leben schwer. Da sie auch negativ auf das Bodenleben wirken kann, sollte sie nur sparsam angewendet werden.

■ Wurmfarnbrühe wirkt bei Befall mit Läusen und Rostpilzen und enthält viel Kalium.

Je nachdem mit welchen Kräutern sie hergestellt werden, wirken Brühen und Jauchen stärkend, düngend und gegen Schädlinge (→ Kasten oben). Da sich ihre Wirkstoffe teilweise schnell verflüchtigen, sollten sie im Laufe der Vegetationsperiode wiederholt angewendet werden.

Nützlinge

In einem naturgemäßen Garten sorgen in der Regel die verschiedensten Nützlinge dafür, dass Schädlinge nicht überhand nehmen. Viele Vogelarten haben Raupen und Schnecken auf ihrem Speiseplan. Wenn in Ihrem Garten Vogeltränken und Nistkästen vorhanden sind, werden sich die gefiederten Freunde gerne darin aufhalten. Ohrwürmer sind ebenso wie Marienkäfer starke Blattlausvertilger. An blattlausbefallenen Obstbäumen sollten Sie ihnen dunkle Verstecke, z. B. mit Holz-

Meise

Florfliege

Schwebfliege

Marienkäfer und
seine Larve

wolle gefüllte Blumentöpfe, anbieten. Stein- oder Holzhaufen sowie ei-ne wild wachsende Ecke in Ihrem Garten bieten den verschiedensten Spinnen und Raubinsekten einen passenden Lebensraum und ein Rückzugsgebiet.

Igel

Schädlinge abwehren

Wenn Schädlinge sich wirklich einmal über die Maßen vermehren, greifen Sie nicht gleich zur Giftspritze:

■ Stark mit Läusen befallene Triebe können Sie mit einem scharfen Wasserstrahl abspritzen oder abschneiden und vernichten. Wenn das nichts hilft, sollten Sie mit Kräuterbrühen oder Schmierseifenlösung (20 Gramm auf einen Liter Wasser) spritzen.

■ Raupen, wie die des Kohlweißlings, sind leicht abzusammeln.

■ Kontrollieren Sie pilzgefährdete Pflanzen regelmäßig und entfernen Sie stark befallene Teile frühzeitig. Überprüfen Sie, ob der Standort für die betroffenen Pflanzen luftig und sonnig genug ist.

■ Wenn Nacktschnecken zur Plage werden, ist der wirksamste Schutz ein Schneckenzaun – aber nur, wenn Sie alle innerhalb des Zauns verbliebenen Exemplare abfangen und aufpassen, dass keine neuen eingeschleppt werden. Da Unterschlupfmöglichkeiten, wie auf dem Boden liegende Bretter oder Pappe, von den ständig durch Trockenheit bedrohten Schnecken gern angenommen werden, können sie gut von ihnen abgesammelt werden.

Kompostbrühen stärken die Abwehrkräfte und wirken vorbeugend gegen Schädlinge und Pilzerkrankungen. Etwa ein Kilogramm Kompost werden mit zehn Liter (Regen-)Wasser in einem großen Kübel ein bis zwei Wochen angesetzt und öfter umgerührt.

Schädlingsbekämpfung mit dem Mond

■ Die Phase des abnehmenden Mondes ist am günstigsten für die Schädlingsbekämpfung. Besprühen Sie jetzt die befallenen Pflanzen mit geeigneten Jauchen oder Brühen.

■ Oberirdisch lebende Schädlinge am besten an Krebs-, Zwillinge- und Schützetagen behandeln bzw. absammeln, Wurzel- und Erdschädlinge an Wurzeltagen.

Ernten und Einlagern

Knackige Salate und frisches Obst und Gemüse sind die Belohnung für die Mühe und die Zeit, die Sie auf Ihren Garten verwenden. Damit die Ernte reichlich ausfällt, brauchen die Früchte ausreichend Nährstoffe – und damit sie ausreifen, brauchen sie gutes Wetter. Oft werden Sie viel mehr ernten, als Sie frisch verbrauchen können und den Überschuss einkochen oder trocknen. Zarte Kräuter oder Sommergemüse bewahren ihr Aroma am besten durch Einfrieren.

Die größten Ernten fallen im Herbst an. Für Kernobst sowie Knollen- und Wurzelgemüse gibt es zwei grundsätzliche Methoden der Lagerung:

Aufbau einer Gemüsemiete: Eine dick isolierte Grube wird mit Gemüse gefüllt und mit Stroh und Erde abgedeckt.

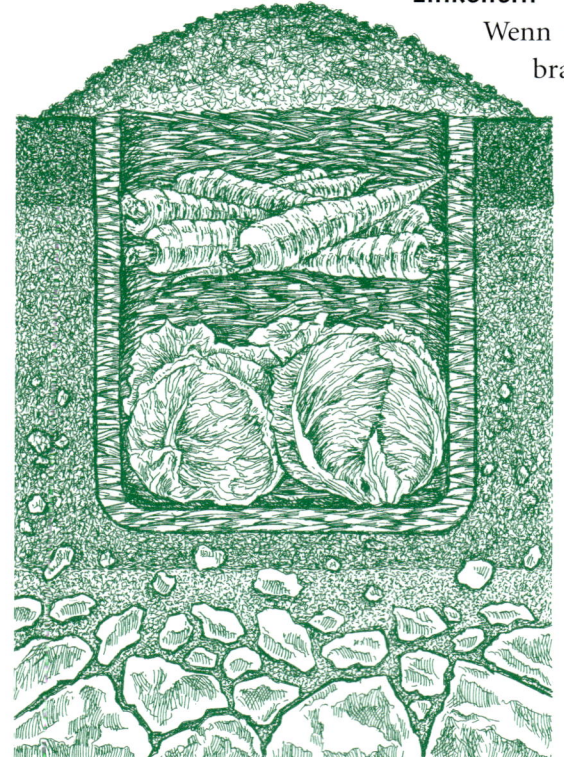

Einkellern

Wenn Sie Ihre Ernte im Keller lagern wollen, brauchen Sie einen möglichst kühlen, aber frostfreien, luftfeuchten Raum, der gut gelüftet werden kann. Ideal wäre ein dunkler Keller mit Temperaturen um vier Grad Celsius. In einem solchen Raum sind Äpfel je nach Sorte bis weit ins Frühjahr hinein haltbar. Kontrollieren Sie die Früchte regelmäßig und sortieren Sie angefaulte aus – sie stecken sonst die übrigen an. Kartoffeln lagert man am besten nicht zusammen mit Äpfeln im selben Raum. Wurzelgemüse wie Möhren oder Pastinaken werden in Kisten mit feuchtem Sand gepackt.

Erdmiete

Wenn Sie nur einen warmen Heizungskeller besitzen, ist die Lagerung in einer Erdmiete das Mittel der Wahl. Wurzel-

Ernten und Einlagern mit dem Mond

- Der günstigste Zeitpunkt für das Ernten von Obst und Gemüse, das eingelagert werden soll, ist der abnehmende Mond.
- Für das Konservieren, Einkochen oder Einlagern ist der aufsteigende Mond am günstigsten, vor allem an Widdertagen.
- Bei Vollmond gesammelte Heilkräuter sind besonders wirksam. Das bei zunehmendem Mond und Vollmond geerntete Obst ist sehr saftig, allerdings nicht für die Lagerung geeignet.
- Ernten Sie oberirdische Früchte, Blüten und Blätter bei aufsteigendem Mond – Fruchtpflanzen an einem Widdertag, Blütenpflanzen an einem Wassermanntag. Bei Blattpflanzen kann das Ernten an einem Fischetag erfolgen, aber durch die höhere Feuchte an solchen Tagen sollte man darauf achten, dass das Gemüse nicht fault. Wurzelgemüse erntet man besser bei absteigendem Mond an einem Jungfrautag.

Heute sind Keller meist warm und kaum feucht: Die Äpfel verschrumpeln in der trockenen Luft und werden in der Wärme schnell überreif – sie verlieren an Aroma und faulen eher.

gemüse wie Möhren, Sellerie, Winterrettiche, Pastinaken und Rote Bete bleiben darin monatelang frisch. Auch gesunde Kohlköpfe, die von den Außenblättern befreit wurden, überstehen so den Winter. Und so legt man eine solche Miete an:

- Graben Sie eine Grube von etwa 30 Zentimeter Tiefe, 80 Zentimeter Breite und beliebiger Länge aus und isolieren Sie Seitenwände und Boden mit einer dicken Schicht Nadelholzreisig und Stroh.
- Füllen Sie die Lagergemüse schichtweise ein und decken Sie sie jeweils mit einer Schicht Stroh ab.
- Verschließen Sie die Miete mit einer weiteren dicken Schicht Stroh oder Reisig und decken Sie das Ganze zusätzlich noch mit einer Schicht Erde ab.

Die Gemüse können bis in den April hinein nach Bedarf entnommen werden. Sortieren Sie dabei Angefaultes sorgfältig aus. Öffnen Sie die Miete aber nur an frostfreien Tagen oder allenfalls, wenn das Thermometer wenige Grad unter Null anzeigt.

Wenn Sie Wühlmäuse im Garten haben, sind Erdmieten zur Lagerung nicht geeignet. Die gefräßigen Nager bedienen sich sonst nach Lust und Laune.

Die Gartenbereiche

Jeder Garten ist anders. Das hängt nicht nur mit den unterschiedlichen Standorten zusammen, sondern auch mit dem Geschmack und den Vorlieben seines Gärtners. Der eine liebt die bunte, abwechslungsreiche Schönheit der Blumenstauden und Ziersträucher, der andere möchte das ganze Jahr über frisches Obst und Gemüse ernten. Eine Familie braucht für ihre Kinder vor allem eine große, strapazierfähige Rasenfläche zum Herumtollen und Spielen. Oder haben Sie etwa einen so großen Garten, dass in ihm für all das genug Platz vorhanden ist? Wie auch immer Ihr Garten aussieht, es ist wichtig, seine verschiedenen Bereiche gut zu planen und richtig zu pflegen. Dabei können Sie die positiven Impulse, die vom Mond ausgehen, in Ihre Tätigkeiten einfließen lassen. Ob manche Arbeiten besser bei zu- oder abnehmendem Mond, im auf- oder absteigenden Tierkreiszeichen oder an einem Wurzel- oder Fruchttag durchgeführt werden sollten, darauf weisen wir auch bei der Beschreibung der verschiedenen Gartenbereiche in speziellen Kästen zum Thema Mond hin.

Der Ziergarten

Blumen und Blütensträucher sind ein Blickfang in jedem Garten. Ihre Pracht kommt bei den meisten Arten besonders gut zur Geltung, wenn sie in Gruppen gepflanzt wurden. Ob Sie eher die Urwüchsigkeit eines Bauerngartens oder die gepflegte Eleganz von Blumenrabatten bevorzugen – eine gewisse Artenvielfalt erhöht den Reiz eines jeden Ziergartens.

Zwiebel- und Knollenpflanzen

Sie gehören zu den ersten Blühern schon im zeitigen Frühjahr: Wer im Februar schon die ersten Blumen im Garten sehen will, kommt um Zwiebel- und Knollengewächse nicht herum. Sie besitzen unterirdische Speicherorgane, die der Pflanze ihre Nährstoffe zum schnellen Austreiben zur Verfügung stellen. Deshalb können solche Arten schon bei noch eher unwirtlichen, winterlichen Temperaturen zu neuem Leben erwachen.

Zwiebeln pflanzen:
1 Mit dem Zwiebelpflanzer ein Loch ausstechen
2 Zwiebel in die Mitte des Pflanzlochs setzen
3 Mit lockerer Erde und Kompost auffüllen

Pflanzung

Die Zwiebeln und Knollen von Frühjahrsblühern setzt man im Spätsommer und Herbst, die der Sommerblüher im Frühjahr. Die wenigen herbstblühenden Arten wie die hochgiftige Herbstzeitlose haben ihre Pflanzzeit im Hochsommer. Als Faustregel gilt: Setzen Sie Zwiebeln und Knollen zwei- bis dreimal so tief, wie ihr Durchmesser beträgt. Achten Sie dabei darauf, die Zwiebeln richtig herum in die Erde zu legen – mit der Sprossseite nach oben.

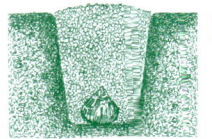

Standort

Der Platz für Zwiebel- und Knollenpflanzen sollte zumindest zur Blütezeit sonnig sein – im zeitigen Frühjahr ist das auch unter Laubbäumen gegeben – mit einem möglichst lockeren, mit Humus angereicherten Boden. Stauende Nässe wird nur ganz schlecht vertragen. Bei schweren Böden sollten Sie deshalb die Gartenerde mit reifem Kompost und Sand vermischen.

Besonders reizvoll wirkt es, wenn die Zwiebeln kleinwüchsiger, früher Arten unregelmäßig verteilt im Rasen gepflanzt wurden. Im Frühjahr erscheinen dann die Blüten zusammen mit dem ersten sprießenden Gras. Damit sich die Pflanzen möglichst gut regenerieren können, sollten Sie nach der Blüte die Samenanlagen ausbrechen und mit dem Mähen warten, bis die Blätter verwelkt sind: Dann haben sich die Nährstoffe aus den Blättern in die Zwiebel oder Knolle zurückgezogen.

Im Holland des 17. Jahrhunderts wurde mit Tulpenzwiebeln spekuliert wie mit Aktien – seltene Sorten erzielten astronomische Preise.

Auch Begonien-knollen sind nicht winterfest und - müssen vor den ersten Frösten ausgegraben werden. Diese schattenverträglichen Blumen werden meist in Pflanzgefäßen gezogen.

Tochterzwiebeln können vorsichtig abgetrennt und eingepflanzt werden.

Im Frühjahr

Frühjahrsblüher wie Schneeglöckchen, Krokus, Blausternchen und Märzenbecher haben schon ab Ende Februar ihren großen Auftritt. Im April folgen großwüchsigere Arten: Die Kaiserkrone setzt interessante Akzente und soll durch ihren Geruch Wühlmäuse vom Garten fern halten. Tulpen mit ihren unzähligen Farben und Formen erfreuen das Auge bis in den Frühsommer hinein. Die meisten Frühjahrsblüher überdauern problemlos im Boden und vermehren sich bei guter Nährstoffversorgung sogar noch im Laufe der Jahre durch Tochterzwiebeln.

Im Sommer

Im Sommer entfalten Knollengewächse wie Lilien, Gladiolen oder Dahlien ihre prachtvollen Blüten. Nehmen Sie die Knollen von Dahlien und Gladiolen (sie sind nicht winterhart) im Herbst vor den ersten Nachtfrösten aus der Erde, lassen Sie sie gut abtrocknen und überwintern Sie sie in einem kühlen Raum. Erst spät im nächsten Frühjahr dürfen sie wieder ausgepflanzt werden.

Zwiebel- und Knollenblumen pflegen mit dem Mond

■ Zwiebeln und Knollen sollten bei abnehmendem Mond gepflanzt werden. Wählen Sie dazu vorzugsweise einen Wurzeltag. Denn auch wenn die Blüte im Vordergrund steht – eine kräftige Pflanze kann sich nur aus einer Zwiebel entwickeln, die gesund und voller Saft ist.
■ Die Knollen von Dahlien und Gladiolen holen Sie bei abneh-menden Mond – am besten kurz vor Neumond – zum Überwintern aus der Erde.
■ Schneiden Sie Tulpen oder Gladiolen bevorzugt bei zunehmendem Mond an einem Blütentag: Sie halten dann länger in der Vase.
■ Düngen Sie alle Zwiebelpflanzen bei Vollmond oder abnehmendem Mond, bevorzugt an einem Wurzeltag.

Zwiebel- und Knollengewächse für den Ziergarten

Pflanzenname (deutsch)	Pflanzenname (botanisch)	Blühzeit	Blütenfarbe
Krokus	Crocus spec.	Februar–April	Weiß, gelb, blau
Schneeglöckchen	Galanthus nivalis	Februar–März	Weiß
Anemone	Anemone nemorosa	Februar–April	Weiß
Winterling	Eranthis hyemalis	Februar–März	Gelb
Blausternchen	Scilla sibirica	März–April	Blau
Frühlings-Iris	Iris danfordiae	März–April	Gelb
Kaukasische Iris	Iris reticulata	März	Blau
Märzenbecher	Leucojum vernum	März	Weiß
Narzisse	Narcissus spec.	März–Mai	Gelb, weiß
Tulpen	Tulipa spec.	März–Mai	Weiß, gelb, rot
Hyazinthe	Hyacinthus orientalis	April–Mai	Weiß, gelb, blau, rosa
Traubenhyazinthe	Muscari armeniacum	April–Mai	Blau
Schachbrettblume	Fritillaria meleagris	April–Mai	Braunviolett, weiß
Kaiserkrone	Fritillaria imperialis	April–Mai	Rot-orange
Maiglöckchen	Convallaria majalis	Mai–Juni	Weiß
Goldlauch	Allium moly	Mai–Juni	Gelb
Zierlauch	Allium spec.	Mai–Juli	Violett
Gladiolen	Gladiolus	Juni–September	Weiß, gelb, rot, lila
Lilien	Lilium	Juni–Juli	Weiß, gelb, rot, orange
Indisches Blumenrohr	Canna	Juni–Oktober	Gelbrot
Montbretie	Crocosmia crocosmiiflora	Juli–September	Orangenrot
Dahlien	Dahlia	Juli–Oktober	Weiß, rot, gelb, violett
Herbstzeitlose	Cochicum autumnale	September–Oktober	Zartlila
Herbstkrokus	Crocus speciosus	September–November	Lila

Die Zwiebelgewächse der Gattung Allium – unter anderem Küchenzwiebeln, Schnittlauch und Knoblauch – gehören zu den ältesten Kulturpflanzen überhaupt. Dagegen enthalten die meisten Blumen, die aus Zwiebeln und Knollen wachsen, Giftstoffe und sind nicht zum Verzehr geeignet.

Ein- und zweijährige Blumen

Ein- und zweijährige Blumen gehören zu den reizvollsten Blütenpflanzen im Garten. Nehmen Sie sich die Freiheit und wählen Sie
aus dem vielfältigen Angebot nach Lust und Laune aus. Üppig
blühen die meisten Arten allerdings nur an einem sonnigen, oder
zumindest überwiegend besonnten Standort.

Anzucht

Viele Sommerblumen können Sie problemlos selbst heranziehen:
Empfindliche Sorten keimen auf der Fensterbank oder unter Glas
und dürfen – sorgfältig abgehärtet – erst nach den Eisheiligen ausgepflanzt werden. Robuste Arten können auch einfach direkt an
Ort und Stelle angesät werden (→ Tabelle unten).

Zweijährige Blumen wie Hornveilchen, Stiefmütterchen oder
Goldlack sät man im Mai für die Blüte im nächsten Frühjahr. Die
Sämlinge werden in Töpfchen vereinzelt (pikiert) und zu kräftigen Pflänzchen herangezogen, die man dann im Spätsommer aus-
pflanzt. Wegen dieser langwierigen Anzucht kauft man zweijährige Blumen meist als bereits blühende Pflänzchen beim Gärtner.

Besonders stark duften die Blüten von Levkojen, Zier-tabak, Flammen-blumen (Phlox) und Duftwicken.

Ein- und zweijährige Blumen pflegen mit dem Mond

■■■■■■■■■■■■■■■■■■■■■■■■■■■■■■

■ Der zunehmende Mond ist die beste Zeit, um ein- und zweijährige Blumen anzusäen oder auszupflanzen.

■ Pflegearbeiten wie Düngen und Gießen sind bei abneh-mendem Mond besonders günstig.

■ Blütenpflanzen werden vor allem durch die dem Element Luft zugeordneten Tierkreiszei-chen Zwillinge, Waage und Wassermann in ihrer Blüten-bildung unterstützt. Gartenar-beiten an diesen Blütentagen wirken sich deshalb zusätzlich positiv auf diese Arten aus. Gießen sollte man Blütenpflan-zen aber an Blatttagen.

■ Für die Vase schneidet man Blumen möglichst am Vormit-tag – der zunehmende Mond, vor allem an einem Blütentag, begünstigt ihre Haltbarkeit.

Bei vielen Sommerblumen können Sie nach der Blüte selbst Samen abnehmen und bis zum nächsten Frühjahr trocken und kühl lagern. Nur bei so genannten Hybriden sind die oft besonders prächtigen Blüten die Folge einer einmaligen Kreuzung, die kaum an die Nachkommen weitergegeben werden. Besonders einfach ist die Samengewinnung bei Studentenblumen, Wicken, Ringelblumen, Mohn, Löwenmäulchen und Ziertabak, aber auch bei Sonnenblumen, Akelei, Schlüsselblumen und Vergissmeinnicht.

Manche zweijährige Blumen wie Akelei und Hornveilchen säen sich regelmäßig selbst wieder aus, wenn ihnen der Standort zusagt.

Sommerblumen und ihre Blütezeit

Warme Vorkultur im Zimmer ab März

Pflanzenname	Blütezeit
Eisbegonie	Juni – Oktober
Eisenkraut	Juli – Oktober
Elfenspiegel	Juli – September
Fleißiges Lieschen	Mai – Oktober
Gartennelke	Juli – September
Hahnenkamm	Juni – September
Leberbalsam	Juni – September
Levkoje	Juli – August
Männertreu	Juni – September
Mittagsgold	Juli – September
Petunie	Mai – September
Portulakröschen	August – Oktober
Sterntalerblume	Juni – Oktober
Ziertabak	Juni – Oktober

Vorkultur unter Glas ab April

Blaues Gänseblümchen	Juli – September
Flammenblume	Juni – September
Löwenmäulchen	Juli – Oktober
Studentenblume	Juni – Oktober
Zinnie	Juli – Oktober
Zwergaster	August – Oktober

Aussaat an Ort und Stelle ab April/Mai

Pflanzenname	Blütezeit
Duftsteinrich	Juni – September
Goldmohn	Juni – September
Husarenköpfchen	Juni – Oktober
Kornblume	Juni – September
Kap-Ringelblume	Juli – August
Kapuzinerkresse	Juli – September
Leinkraut	Juni – Juli
Ringelblume	Juli – September
Schleifenblume	Juni – Juli
Wicke	April – Mai
Wucherblume	Juli – September

Zweijährige Blumen

Bartnelke	Mai – Juni
Federnelke	Mai – Juli
Goldlack	Mai – Juni
Hornveilchen	April – Juli
Islandmohn	Juni – Juli
Maßliebchen	April – Juli
Stiefmütterchen	März- Mai
Stockrose (Malve)	Mai – Juni
Vergissmeinnicht	April – Mai

Stauden

Mit Staudenrabatten können Sie – im wahrsten Sinn des Wortes – ein Bild von einem Garten schaffen. Harmonisch aufeinander abgestimmte Farben, eine möglichst lückenlose Blütenfolge vom Frühjahr bis in den Herbst und ganz bewusst geplante Blütenhöhepunkte lassen durch geschickte Sorten- und Artenwahl ein lebendes Kunstwerk in Ihrem Garten entstehen. Welche Schwerpunkte Sie dabei setzen, ob Sie Kontraste zwischen großen und kleinen Pflanzen und zueinander konträren Farben bevorzugen, oder eher harmonisch aufeinander abgestimmte Sorten wählen, das ist Ihrem ganz persönlichen Geschmack vorbehalten.

Überall dort, wo der Rasen zum Vermoosen neigt (→ Seite 90/91) ist eine schattenverträgliche Staudenbepflanzung eine gute Alternative.

Staudenpflanzen

Stauden sind ausdauernde Pflanzen, an denen Sie sich in vielen Fällen sogar Jahrzehnte lang erfreuen können. Deshalb sollten Sie eine Staudenrabatte aber sorgfältig planen: Legen Sie sie immer von hinten nach vorne an, in Richtung des bevorzugten Sonneneinfalls, und achten Sie dabei darauf, dass hochwüchsigere Arten die niedrig bleibenden nicht zu sehr beschatten. Lassen Sie den einzelnen Pflanzen auch genügend Platz, damit sie sich in den kommenden Jahren noch ausbreiten können. Vorübergehend frei bleibende Flächen im Beet bestücken Sie einstweilen mit einjährigen Blumen. Entscheidend für das Gedeihen eines Staudenensembles ist ein lockerer, humoser Boden, der gut mit Nährstoffen versorgt ist. Eine dicke Mulchschicht unterdrückt Unkraut und erhält die Bodenfeuchtigkeit. Der beste Zeitpunkt für die Pflanzung von Stauden ist das Frühjahr. Im Herbst gesetzte Pflanzen sollten Frostschutz erhalten.

Rechts: Zur Teilung werden kleinere Stauden einfach auseinander gezogen.

Ganz rechts: Bei größeren Stauden sticht man mit der Grabgabel einfach ein Stück des Wurzelballens ab.

Stauden vermehren

Die meisten Stauden lassen sich problemlos vermehren. Stechen Sie dazu im Frühjahr oder nach der Blüte im Spätsommer oder Herbst mit dem Spaten einfach einen Teil vom Wurzelstock ab, oder graben Sie die ganze Pflanze vorsichtig aus und teilen Sie sie in zwei bis vier Stücke. Ebenfalls möglich, wenn auch langwieriger, ist die Anzucht aus Samen. Beachten Sie dabei, dass viele Arten wie Enzian oder Tränendes Herz Frostkeimer sind, die im Winter angesät werden müssen.

Hoch wachsende Stauden brauchen eine stabile Stütze.

Wildstaudenbiotope

■ ■

Kleine Biotope mit einheimischen Wildstauden lassen Ihren Garten zu einer Oase für die Tierwelt werden. Der Pflegeaufwand für diese eher robusten Arten ist gering:

■ Ein Trockenbiotop an einer sonnigen Mauer oder auf einer steinigen Erhebung im Garten ahmt die Standortbedingungen für eine Steppenvegetation nach. Hier fühlen sich Pflanzen aus felsenreichen, trockenen Landstrichen wohl, wie etwa Königskerze, Goldrute, Natternkopf, Thymian oder Mauerpfeffer.

■ Ein Laubwaldbiotop zwischen locker wachsenden sommergrünen Sträuchern und Bäumen bietet ganz anderen Pflanzen einen naturnahen Standort. Im lichten Schatten der Gehölze fühlen sich Fingerhut, Waldglockenblume und Beinwell sowie alle Farne wohl. Niedrig wachsende Bodendecker wie Maiglöckchen, Buschwindröschen, Haselwurz, Veilchen und Immergrün sorgen für einen geschlossenen Teppich und unterdrücken Unkräuter. Im zeitigen Frühjahr, wenn die Bäume noch unbelaubt sind, erhalten hier auch früh blühende Zwiebelpflanzen noch ausreichend Sonne.

■ Ein Teichbiotop sollte über möglichst unterschiedlich tiefe Wasserbereiche und eine ausgedehnte, sumpfige Uferzone verfügen. Sumpfdotterblume, Schwertlilie und Blutweiderich gedeihen an allen feuchten Stellen im Garten.

Nicht nur weil es gepflegter aussieht, sollten Sie verwelkte Blüten entfernen, die Pflanzen werden dadurch auch immer wieder zur Blütenbildung angeregt. Lassen Sie aber bei den Wildarten immer auch ein paar Samenansätze stehen – damit sich die Pflanzen vermehren können.

Beliebte Stauden für verschiedene Standorte

Pflanzenname (deutsch)	Pflanzenname (botanisch)	Blütenfarbe	Blüte	Höhe
Stauden für sonnige Standorte				
Ehrenpreis	Veronica austriaca	Blau	Mai–Juni	Bis 50 cm
Glockenblume	Campanula persicifolia	Weiß und blau	Juni–August	Bis 100 cm
Lupine	Lupinus-Hybriden	Weiß bis rot, blau und gelb	Mai–Juli	Bis 120 cm
Pfingstrose	Paeonia officinalis	Dunkelrot	März–Mai	Bis 80 cm
Phlox	Phlox paniculata	Weiß, rosa, rot und violett	Juni–September	Bis 150 cm
Rauhblattaster	Aster novae-angliae	Rosa, rot und blau	Sep.–Oktober	Bis 150 cm
Rittersporn	Delphinium cultorum	Dunkelviolett	Juni–August	Bis 160 cm
Sommersalbei	Salvia nemorosa	Blau bis violett	Mai–August	Bis 80 cm
Sonnenauge	Heliopsis helianthoides	Gelb	Juni–September	Bis 160 cm
Sonnenhut	Rudbeckia fulgida	Gelb	August–Oktober	Bis 60 cm
Taglilie	Hemerocallis-Hybriden	Rot, gelb, orange	Juni–September	Bis 110 cm
Stauden für schattige und halbschattige Standorte				
Christrose	Helleborus niger	Weiß	Januar–März	Bis 30 cm
Frauenmantel	Alchemilla mollis	Gelb	Juni–Juli	Bis 40 cm
Herbst-Eisenhut	Aconitum carmichaelii	Blau	September–Oktober	Bis 100 cm
Prachtspiere	Astilbe-Hybriden	Alle Farben außer blau	Juli–September	Bis 100 cm
Roter Fingerhut	Digitalis purpurea	Rosa bis rot	Juni–Juli	Bis 100 cm
Tränendes Herz	Dicentra spectabilis	Rot, weiß	Mai–Juni	Bis 80 cm
Waldglockenblume	Campanula latifolia	Weiß und blau	Juni–Juli	Bis 90 cm
Stauden für trockene Standorte (Steingärten)				
Blaukissen	Aubrieta-Hybriden	Violett, blau, rosa, rot	April–Mai	Bis 15 cm
Fetthenne	Sedum floriferum	Gelb	Juli–August	Bis 15 cm
Grasnelke	Armeria maritima	Rosa, weiß	Mai–Juni	Bis 15 cm
Küchenschelle	Pulsatilla vulgaris	Violett	März–April	Bis 20 cm
Mauerpfeffer	Sedum acre	Weiß bis rosa	Juni–Juli	Bis 5 cm
Polsterphlox	Phlox subulata	Weiß bis rot, blau, violett	April–Mai	Bis 15 cm
Steinbrech	Saxifraga arendsii	Weiß bis rot	April–Mai	Bis 15 cm

Blumenstauden pflegen mit dem Mond

- Der zunehmende Mond ist die beste Zeit, um Blütenstauden anzusäen, auszupflanzen oder zu teilen. Besonders gut gedeihen sie, wenn sie an einem Blütentag gepflanzt werden. Auch das Entfernen verwelkter Blütenstände sollte bevorzugt an diesen Mondtagen erfolgen, um den Pflanzen Kraft zu sparen.

- Düngen und mulchen sollten Sie bei abnehmendem Mond.
- Das regelmäßige Gießen, bis neu gepflanzte Stauden angewachsen sind, sollte möglichst bei abnehmendem Mond an Blatttagen erfolgen.
- Trockenblumen behalten ihre Farben besonders lange, wenn Sie sie an einem Blütentag schneiden.

Düngen Sie Ihre Stauden im zeitigen Frühjahr, sobald der Austrieb sichtbar ist. Die weitere Nährstoffversorgung übernimmt eine Mulchschicht aus Grobkompost.

Gräser als Zierpflanzen

Als richtige Tausendsassas haben sich Gräser die verschiedensten Lebensräume erobert. Sie finden sich nicht nur als Rasen in jedem Garten, als schmückendes Element stellen einige Arten auch auf Rabatten und Staudenbeeten eine Bereicherung dar. Wintergrüne Arten sehen besonders in der kalten Jahreszeit wunderschön aus, wenn der Rauhreif ihre filigranen Halme überzieht. Einjährige Gräser werden wie Sommerblumen angesät – ausdauernde Arten (Stauden) pflanzt man am besten im zeitigen Frühjahr.

Gräser erhöhen – richtig kombiniert – den Reiz einer jeden Staudenrabatte.

Waldgräser

aus den Gattungen der Seggen und Hainsimsen fühlen sich in Ihrem Garten auf humosem und feuchtem Boden in einer eher schattigen Ecke wohl. Hier wachsen die wintergrüne Breitblattsegge, die fein behaarte Haarmarbel, die weiß blühende Schneemarbel und die sortenreiche Waldmarbel.

Trockengräser

Die meisten Grasarten sind Stauden, die sich am besten durch Teilung ihrer Wurzelstöcke vermehren lassen.

können Sie in einen Steingarten integrieren oder – am besten mehrere Büschel zusammen – an Trockenmauern gemeinsam mit mediterranen Kräutern anpflanzen. Das mit seidig weißen Haaren besetzte Perlgras, der dichte Büschel bildende Bärenfellschwingel und das zierliche Zittergras sind die richtigen Arten für diesen Standort.

Großwüchsige Ziergräser

für sonnige bis halbschattige Standorte mit mäßig feuchtem Boden sind Pampasgras und Chinaschilf. Beide Arten werden bis etwa zwei Meter hoch und brauchen dementsprechend viele Nährstoffe. Kleinwüchsiger und genügsamer in ihren Ansprüchen sind der intensiv gefärbte Blauschwingel, das spät blühende Lampenputzergras und die im Herbst auffällig gefärbte Ruten-Hirse.

Gräser pflegen mit dem Mond

Auch Bambus ist eine hoch wachsende Grasart. Viele Bambusarten können auch bei uns ganzjährig in der Erde bleiben.

▪ Besonders günstig entwickeln sich Gräser, die bei zunehmendem Mond angesät, gepflanzt und geteilt werden. Einen zusätzlichen positiven Impuls können Sie an einem Blatttag setzen, vor allem wenn sich der Mond in den Fischen befindet.

▪ Wollen Sie die Blühfreudigkeit der Rispen unterstützen, ist die Aussaat und Pflanzung an Blütentagen vorzuziehen.
▪ Das Gießen und Düngen der Gräser sollte bei abnehmendem Mond stattfinden – vor allem an Blatttagen.

Schling- und Rankpflanzen

Nicht nur Bäume und Sträucher wachsen in respektable Höhen, auch die Kletterpflanzen streben dem Himmel und damit dem Licht entgegen. Als Sichtschutz oder zum Begrünen von Lauben und Hauswänden sind sie ein wichtiges Gestaltungselement im Garten. Wegen ihres besonders kräftigen Wachstums müssen sie gut mit Nährstoffen und Wasser versorgt werden.

Einjährige Kletterpflanzen

Einjährige Schling- und Rankpflanzen gibt es in vielen attraktiven Arten und Sorten:

■ Direkt an Ort und Stelle ausgesät werden kann zum Beispiel der beeindruckend schnellwüchsige Japanische Zierhopfen , der sich an Schnüren oder Drähten bis auf mehrere Meter Höhe empor- schlingt. Die in vielen Sorten angebotene Duftwicke und die robuste, gelb blühende Kanarenkresse ranken lieber an Gittern oder dünnen Spalieren.

■ Wärmebedürftigere Arten müssen unter Glas vorgezogen wer- den:

Die Glockenrebe mit ihren großen, tassenförmigen Blüten ist auch für halbschattige Standorte geeignet und klettert selbstständig eine rauhe Hauswand hinauf. Auf eine Kletterhilfe angewiesen sind dagegen die schnell schlingende Prunkwinde und die besonders wärmeliebende, golden blühende Schwarzäugige Susanne – die empfindlichen Pflänz- chen sollten nicht vor Anfang Juni ausgepflanzt werden.

Klettersträucher

Mehrjährige Schling- und Rankpflanzen gibt es auch für schattigere Standorte. Bei Arten wie Efeu, Wildem Wein und Kletterhortensie steht die Schönheit ihres Laubes an erster Stelle. Efeu und einige Geißblatt- Arten behalten auch im Winter ihr grünes Laub.

So schön sie sind, Duftwicken stellen einige Ansprüche. Sie benötigen einen sehr sonnigen, geschützten Stan- dort, gleichmäßige Feuchtigkeit und einen Zaun, an dem sie hochranken können.

Vom Geißblatt gibt es wunderbar duftende Sorten.

An sonnigen Standorten im Hochsommer werden Sie öfters gießen müssen, damit der Knöterich, das Geißblatt, der giftige Blauregen oder die vielfältigen Clematis-Arten und -Sorten ausdauernd blühen und wachsen können.

Geben Sie Ihren Kletterpflanzen eine passende Kletterhilfe: Nur Kletterhortensie, Efeu und der aus Japan stammende, dreilappige Wilde Wein wachsen selbstständig rauhe Wände hinauf. Alle anderen mehrjährigen Arten brauchen passende Stangen oder Gitter. Kletterrosen klimmen mit Hilfe ihrer langen, biegsamen Triebe nach oben und müssen an passende Spaliere angebunden werden.

Alle Klettersträucher vertragen einen kräftigen Rückschnitt. Das ist oft auch nötig, besonders beim schnellwüchsigen Knöterich.

Kletterpflanzen pflegen mit dem Mond

■■■■■■■■■■■■■■■■■■■■■■■■■■■■

■ Bei zunehmendem Mond gesäte oder gesetzte Kletterpflanzen wachsen besonders zielstrebig dem Himmel entgegen, vor allem wenn sie in einem aufsteigenden Zeichen gesät wurden. Bei Arten mit dichtem Laub wie Efeu oder Wildem Wein können Sie durch die Pflanzung an einem Blatttag einen zusätzlichen positiven Impuls setzen. Für reichlich blühende Arten wie Clematis oder Geißblatt ist dagegen ein Blütentag günstiger.

■ Düngen und gießen sollten Sie Kletterpflanzen bei abnehmendem Mond.

■ Der abnehmende und absteigende Mond ist günstig für den Rückschnitt.

Ziersträucher und Hecken

Ob einzeln stehend, als Gruppe oder als Hecke – Ziersträucher erfreuen uns mit ihrem besonders dekorativen Laub und ihrem Blütenreichtum. Für einen natürlichen Sichtschutz durch eine Hecke oder um durch einzeln stehende Sträucher Akzente zu setzen, steht eine breite Palette an Arten und Sorten zur Verfügung. Viele durchaus attraktive Ziersträucher sind anspruchslos und auch für karge, schattigere Standorte geeignet.

Ziersträucher pflanzen

Pflanztermin Laub abwerfende Sträucher pflanzt man am besten im Oktober und November, Koniferen und immergrüne Laubgehölze ein oder zwei Monate früher, damit sie bis zum Winter gut anwachsen können. Die günstigste Zeit für die Pflanzung von Heckengehölzen wie Lorbeerkirschen, Hain- oder Rotbuchen sind die Monate März und April. Gehölze im Topf oder Container können bis zu den ersten Frösten gepflanzt werden.

Pflanzung Vor dem Einsetzen stellt man die Sträucher mit dem Ballen einige Stunden in Wasser. Die Sohle der Pflanzgrube lockert man mit einer Grabgabel und setzt die Pflanze nicht tiefer, als sie in der Baumschule angezogen wurde. Zum Auffüllen der Grube verwenden Sie am besten mit Kompost vermischte Gartenerde. Drücken Sie sie um den Wurzelballen gut an.

Pflege Eine 10 bis 15 Zentimeter dicke Mulchschicht aus Kompost, Laub, Grasschnitt oder Holzhäcksel um die Sträucher herum unterdrückt Unkraut und hält den Boden gleichmäßig feucht. Gedüngt wird am besten im zeitigen Frühjahr mit langsam wirkenden, organischen Volldüngern.

Schnittmaßnahmen

Mit einem regelmäßigen Schnitt können Sie Ihren Ziersträuchern die gewünschte Form geben. Schneiden sollten Sie alle Äste, die zu eng stehen, nach innen wachsen, nicht mehr blühen oder keinen Jahreszuwachs mehr haben. Zum Auslichten werden die ältesten Triebe möglichst dicht über dem Boden herausgeschnitten oder einfach auf die gewünschte Länge eingekürzt – am besten dicht über einer Knospe. Wenn Sträucher schlichtweg zu groß geworden sind, kann man sie radikal verjüngen: Schneiden Sie dazu den ganzen Strauch bis auf ein paar jüngere Triebe über dem Boden ab. Der beste Zeitpunkt für einen solchen Eingriff ist im Winter bis Ende Februar. Im nächsten Jahr werden dann die Neuaustriebe bis auf die kräftigsten ausgedünnt.

Im Herbst schmücken verschiedenfarbige und vielförmige Früchte und Blätter mit leuchtenden Herbstfärbungen den Garten. Schneeball, Felsenbirne, Zieräpfel, Feuerdorn und Zierquitte entfalten in dieser Jahreszeit ihre ganze Pracht.

Blütensträucher – auch für blühende Hecken geeignet

Pflanzenname (deutsch)	Pflanzenname (botanisch)	Standort	Blütezeit	Höhe
Felsenbirne	Amelanchier lamarckii	Sonnig	April–Mai	4–7 m
Sommerflieder	Buddleia alternifolia	Sonnig	Mai–Juni	1–3 m
Japanische Zierquitte	Choenomeles	Sonnig	März–April	1–2 m
Kornelkirsche	Cornus mas	Sonnig–halbschattig	März–April	1–4 m
Haselnuss	Corylus avellana	Sonnig–halbschattig	Februar–März	2–6 m
Strauchmispel	Cotoneaster	Sonnig–halbschattig	April	1–5 m
Weißdorn	Crataegus monogyna	Sonnig–halbschattig	Mai–Juni	2–4 m
Prunkspiere	Exochorda racemosa	Sonnig–halbschattig	Mai	1–3 m
Goldglöckchen	Forsythia	Sonnig–halbschattig	März–April	1–3 m
Färberginster	Genista tinctoria	Sonnig	Juni	0,5–1 m
Ranunkelstrauch	Kerria japonica	Sonnig–halbschattig	April–Mai	1–2 m
Pfeifenstrauch	Philadelphus	Sonnig–halbschattig	April	1–2 m
Fingerstrauch	Potentilla fruticosa	Sonnig	Juni–September	0,5–1 m
Kirschlorbeer	Prunus laurocerasus	Halbschattig	Mai	1–3 m
Blutjohannisbeere	Ribes sanguineum	Sonnig–halbschattig	April	1–2 m
Holunder	Sambucus nigra	Sonnig–halbschattig	Juni–Juli	2–4 m
Flieder	Syringa	Sonnig	Mai–Juni	2–4 m
Schneeball	Viburnum x bodnantese	Sonnig–halbschattig	Februar–April	1–3 m

Naturnahe Hecken

Frühjahrsblühende Sträucher wie die Forsythie werden nach ihrer Blüte im Sommer oder Herbst geschnitten, sommerblühende Arten wie die Buddleia dagegen im zeitigen Frühjahr.

Naturnahe Hecken sollten so locker gepflanzt werden, dass sich die Sträucher möglichst frei entwickeln können. Um üppige Blüten hervorzubringen, brauchen die meisten Arten einen sonnigen Standort. Stellen Sie Arten mit unterschiedlichen Blühzeiten zusammen, die sich auch in ihrem Wuchs ergänzen. Kombinieren Sie also z. B. hoch werdende, auffällige Gehölze wie Flieder, Zierkirsche oder Tamariske mit niedrig bleibenden Pfeifensträuchern oder Goldglöckchen.

Schnitthecken

Im Gegensatz zu naturnahen Hecken sind Schnitthecken streng formiert und werden dicht gesetzt: Man rechnet je nach Art mit etwa zwei bis vier Pflanzen pro laufendem Meter. Wenn Hecken einen Sichtschutz bilden sollen, sind dafür besonders immergrüne Koniferen oder Laubgewächse wie Liguster oder Berberitze geeignet, aber auch sommergrüne Gehölze wie Hain- oder Rotbuche, die ihr welkes Laub bis zum Frühjahr behalten.

Nach dem zweiten bzw. bei Koniferen nicht vor dem dritten Standjahr sollten Sie mit dem sogenannten Heckenaufbau beginnen. Alljährlich wird zwei- bis dreimal zurückgeschnitten, damit sich die Pflanzen reich verzweigen und die Hecke dicht wird. Anfang April, Ende Juni und Ende August sind die besten Schnitttermine. Wenn Singvögel in den Hecken brüten, sollten Sie den Frühjahrstermin besser verstreichen lassen. Zum Schneiden beginnen Sie an der Heckenkrone und bewegen sich dann langsam abwärts. Für eine gesunde Entwicklung der Hecke hat sich die Trapezform (im Querschnitt) als besonders günstig erwiesen. Damit die Seitenflächen gerade werden, sollten Sie vor dem Schnitt Richtschnüre spannen.

Verschiedene Formen des Heckenschnitts

Immergrüne Hecken eignen sich auch für Lagen, die stark dem Wind ausgesetzt sind. Nadelgehölzen wie Eibe, Lebensbaum, Scheinzypresse, Wacholder oder Fichte haben sich hier besonders bewährt.

Sträucher pflanzen und pflegen mit dem Mond

■ Der zunehmende Mond, besonders in einem aufsteigenden Tierkreiszeichen, ist besonders günstig zum Auspflanzen von Sträuchern und Hecken.

■ Blütenreiche Arten an Blütentagen pflanzen und pflegen, grüne Gehölze an Blatttagen.

■ Bei abnehmendem Mond Dünger, Kompost und Mulchmaterial aufbringen.

■ Schneiden Sie die Hecke bei absteigendem Mond, weil dann weniger Saft austritt.

■ Sträucher und Hecken werden bei abnehmendem Mond an Blatttagen gegossen.

Rosen – die Klassiker im Ziergarten

■ ■

Rosen müssen jedes Jahr geschnitten werden, damit sie viele Blüten bilden und gesund und kräftig wachsen. Der abnehmende Mond im Frühjahr ist die beste Zeit dafür, besonders die Blütentage.

Die Königin der Blütensträucher will auch als solche behandelt werden. Ihre Ansprüche an Boden und Pflege sind hoch. Die Pflanzen sind kalkempfindlich und brauchen einen geschützten, sonnigen und luftigen Standort. Folgende Punkte sind bei der Rosenpflege besonders wichtig:

■ Die beste Pflanzzeit für wurzelnackte Rosen ist der späte Herbst. In Gebieten mit sehr kalten Wintern pflanzt man besser erst im zeitigen Frühjahr– Container-Rosen können auch bis in den Sommer hinein gesetzt werden. Achten Sie beim Pflanzen darauf, dass die Veredelungsstelle etwa fünf Zentimeter unter der Bodenoberfläche liegt.

■ Eine organische Düngung im Frühjahr und eine Mulchschicht – idealerweise gut verrotteter Mist, aber auch Rindenmulch – zur Erhaltung der Feuchtigkeit sorgen für zügiges Wachstum und üppigen Blütenansatz.

■ Rosen sollten regelmäßig und auch kräftig zurückgeschnitten werden, mehrmals blühende Sorten am besten im April, einmal blühende nach der Blüte. Entfernen Sie dabei die aus dem Wurzelstock entspringenden Wildtriebe, sowie alle vertrockneten, alten oder störenden Zweige. Kürzen Sie die Triebe immer etwa einen Zentimeter über einem Auge und verwenden Sie dazu nur scharfe Schnittwerkzeuge.

Rasen

Ein Rasen als Ruheplatz und Spielwiese wird in kaum einem Garten fehlen. Je nachdem wieviel Arbeit Sie in die Pflege investieren wollen und wie strapazierfähig die Grünfläche sein muss, ist ein kurzer, dichter Zierrasen oder eine Blumenwiese mit eingesäten oder angeflogenen Wildpflanzen für Sie das Richtige.

Einen Rasen anlegen

Bodenvorbereitung Lockern Sie Ihre zukünftige Rasenfläche schon im Spätherbst tiefgründig und entfernen Sie dabei alle Steine und Unkrautwurzeln. Im Frühjahr – vor der Aussaat – ebnet man die Erde mit der Harke und arbeitet bei der Gelegenheit bodenverbessernde Substanzen (→ Seite 41/42) wie Kompost oder Sand ein. Je weniger Erhebungen und Mulden die Aussaatfläche aufweist, desto gleichmäßiger kann der Rasen später einmal gemäht werden.

Verwenden Sie zum Glätten einer Rasenansaatfläche eine zwei bis drei Meter lange Latte – damit möglichst wenige Unebenheiten verbleiben.

Aussaat Angesät wird ein Rasen am besten in den Monaten Mai oder September. Pro Quadratmeter rechnet man mit etwa 20 Gramm Grassamen, die mit Sand vermischt breitwürfig ausgesät und mit einem Rechen etwa einen Zentimeter tief eingearbeitet werden. Die Aussaat muss in den ersten Wochen ständig feucht gehalten werden. Wenn der Rasen etwa zehn Zentimeter hoch geworden ist, sollte er zum ersten Mal gemäht werden.

Rasenpflege

Mähen Wer einen dichten, strapazierfähigen Rasen möchte, sollte das Gras nicht höher als sechs Zentimeter wachsen lassen und etwa alle zwei Wochen – im Hochsommer auch öfter – mähen. Je öfter Sie mähen, desto mehr Nährstoffe müssen Sie dem Rasen aber zuführen. In der Regel genügt es, zweimal pro Jahr einen organischen Langzeitdünger nach Anweisung aufzubringen.

Gießen Im Hochsommer wird es sich meistens nicht vermeiden lassen, den Rasen zumindest während längerer Trockenperioden zu gießen – sonst weicht das saftige Grün einem fahlen Gelb. Auch beim Gießen des Rasens gilt: eher selten, dafür aber kräftig und bevorzugt am frühen Morgen. Um einen trockenen Boden bis in zehn Zentimeter Tiefe zu befeuchten – also bis dahin, wo sich die Hauptwurzeln der Graspflanzen befinden – braucht man zehn Liter Gießwasser pro Quadratmeter.

Vertikutieren sollte man nicht bei trockenem oder gar heißem Wetter, da der Rasen dann leicht geschädigt wird.

Vertikutieren Durch das ständige Begehen verdichtet der Rasen. Zum Lockern und Belüften der Erde verwendet man so genannte Vertikutierer. Mehrere senkrecht auf einer waagrechten Achse angebrachte, messerähnliche Haken dringen flach in die Rasennarbe ein, zerschneiden den Filz und säubern das Rasenbett von abgestorbenen Grasresten und Moos. Die beste Zeit für diese Pflegemaßnahme ist der Frühling.

Moos im Rasen Kalken gilt gemeinhin als Allheilmittel gegen Moos im Rasen. Das ist aber höchstens auf sehr sauren Böden der Fall. Die pH-Werte in den meisten Gärten liegen zwischen 5,5 und 7,0, das ist genau der Bereich, in dem der Rasen optimal wächst. Beim Auftreten von lästigem Moos sollten Sie deshalb Folgendes

Rasen pflegen mit dem Mond

■ Der zunehmende Mond ist besonders günstig, um Grassamen anzusäen. Einen zusätzlichen positiven Impuls für die Blattbildung des Rasens wird durch die Aussaat an einem Blatttag, vor allem in den Fischen, gegeben. Soll der Rasen besonders schnell wachsen, säen Sie ihn an einem Löwe- oder Jungfrautag.

■ Bei einer Blumenwiese wird die Blühfreudigkeit durch die Aussaat und Pflege an Blütentagen unterstützt.
■ Düngen und gießen sollten Sie möglichst bei abnehmendem Mond.
■ An Blütentagen gemähter Rasen wächst langsamer nach, an Blatttagen gemähter und vertikutierter wird sehr dicht.

beachten: Nur bei pH-Werten von 5,5 und tiefer (→ Bodenanalyse Seite 38) können Kalkgaben das Rasenwachstum fördern und dadurch die Moosbildung unterdrücken. Aber Vorsicht! Bei zu großen Kalkgaben bekommen Rasenpflanzen oft Eisenmangel (→ Seite 43). Moos wächst vor allem auf schattigen Standorten mit verdichtetem, staunassem Boden. Da hilft nur, das Moos regelmäßig zu entfernen, gründlich zu vertikutieren und schattenverträgliche Rasenmischungen nachzusäen. Besonders wichtig ist auch, dass Unebenheiten, in denen sich Wasser ansammeln kann, ausgeglichen werden. Wenn das Moos trotzdem immer wieder überhand nimmt, sollten Sie an solchen Stellen vielleicht lieber auf Rasen verzichten und bodendeckende Schattenstauden (→ Seite 79/80) anpflanzen.

Als Spielwiese eignet sich eine Blumenwiese nicht, aber als pflegeleichtes Wildpflanzenbiotop ist sie für naturverbundene Gartenfreunde eine Alternative zum eher etwas sterilen Rasen.

Die Alternative zum Rasen – eine Blumenwiese

Häufiges Mähen ist nicht jedermanns Sache. Eine pflegeleichtere und zudem naturnahe Alternative zum Rasen ist die Blumenwiese, die Sie mit verschiedenen im Handel erhältlichen Samenmischungen ansäen können. Die darin enthaltenen einjährigen Wildblumen säen sich in der Regel selbst wieder aus, und andere Arten werden vom Wind oder von Vögeln eingetragen.

Die klassische Blumenwiese wird höchstens zweimal im Jahr gemäht, am besten im Juli und im Oktober. Um das lange Gras schneiden zu können, müssen Sie mit einer Sense umgehen können oder sich eine Motorsense anschaffen. Düngen ist bei einer Blumenwiese nicht nötig. Zusätzliche Nährstoffe würden nur das Gras auf Kosten der Wildkräuter wachsen lassen.

Eine Blumenwiese ist eine naturnahe Alternative zum Rasen.

So schön sie sind, Blumenwiesen sind trittempfindlich und sollten nur auf schmalen Wegen begangen werden. Eine Wiese, auf der Ihre Kinder herumtoben können, sollte dagegen mindestens fünf- bis sechsmal im Jahr gemäht werden.

Der Gemüsegarten

Platz für ein paar Gemüsebeete ist in nahezu jedem Garten. Wenn Sie die einfachsten Regeln kennen, können Sie mit wenig Aufwand fast das ganze Jahr hindurch ernten. Aber Vorsicht: Ein Gemüsegarten macht süchtig. Wenn Sie sich erst einmal an von der Sonne verwöhnte aromatische Kräuter, besonders knackige Salate und taufrische Gemüse gewöhnt haben, werden Sie sich mit Supermarktware nicht mehr zufrieden geben.

Gemüse säen

Gemüse und Kräuter ansäen:
1 Beete lockern
2 Glatt rechen
3 Saatrillen ziehen
4 Ansäen
5 Vorsichtig mit Erde bedecken
6 Feucht halten

Vor der Aussaat lockert man das Beet oberflächlich und reichert den Boden mit gut verrottetem Kompost oder organischem Dünger an. Die meisten Gemüsearten werden in Reihen kultiviert, die je nach Sorte einen bestimmten Abstand voneinander haben sollten. Wichtig ist auch die richtige Saattiefe. Als Faustregel gilt: Man sät doppelt so tief, wie der Samendurchmesser groß ist. Meist genügt eine dünne Abdeckung aus gesiebter Komposterde, die vorsichtig angedrückt wird. Da man immer mit Ausfällen durch Schädlinge rechnen muss, empfiehlt es sich, mindestens zweimal so dicht anzusäen, wie die Pflanzen innerhalb der Reihe wachsen sollen. Überschüssige Sämlinge kann man nach dem Keimen leicht auszupfen. Während der ersten Wochen muss die Aussaat gleichmäßig feucht gehalten werden. Gießen Sie vorsichtig, damit die zarten Pflänzchen nicht weggeschwemmt werden.

Manche Gemüsearten wie Gurke oder Bohnen vertragen keinen Frost und sollten deshalb sicherheitshalber erst nach den Eisheiligen im Freien gesät oder gepflanzt werden. Arten mit langer Kulturdauer wie Tomaten, Paprika oder Auberginen müssen schon ab Mitte März unter Glas vorgezogen werden.

92

Ein Mistbeet anlegen

■ ■

Ein Mistbeet ist ein natürlich geheiztes Frühbeet, in dem das Ansäen schon ab Mitte Februar möglich ist. Wärme, die beim bakteriellen Abbau von Mist entsteht, hält den empfindlichen Sämlingen die Füße warm – die dabei frei werdenden Nährstoffe führen zu einem zügigen Wachstum.

So legen Sie ein Mistbeet an:

■ Bauen Sie sich einen Rahmen aus vier Brettern, dessen Rückwand etwa 20 Zentimeter erhöht ist, und besorgen Sie sich zum Abdecken ausrangierte Fenster oder mit Folie bespannte Holzrahmen. Fertige Mistbeetkästen gibt es im Gartenfachhandel.

■ Heben Sie die Erde im Frühbeet etwa einen halben Meter tief aus.

■ Füllen Sie diese Grube im zeitigen Frühjahr mit etwa 40 Zentimeter Pferdemist auf und treten Sie diesen gut fest. Die Wärmeentwicklung ist umso langsamer und anhaltender, je fester gepackt wird.

■ Decken Sie das Ganze mit einer etwa 20 Zentimeter dicken Schicht Erde ab.

■ Isolieren Sie die Außenseiten des Frühbeetkastens mit einer dicken Schicht Stroh oder Laub.

■ Bevor Sie das Mistbeet bepflanzen oder besäen können, müssen Sie jetzt noch etwa eine Woche warten, bis die anfänglich entstehenden, pflanzenschädlichen Ammoniakgase entwichen sind.

Ohne Schutz durch Folien oder Glas ist Gemüseanbau im Freiland je nach Gegend und Jahr frühestens Ende März bis Anfang April möglich.

Je fester Sie den Mist antreten, desto langsamer und anhaltender ist die Wärmeentwicklung

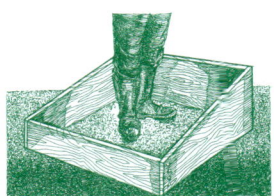

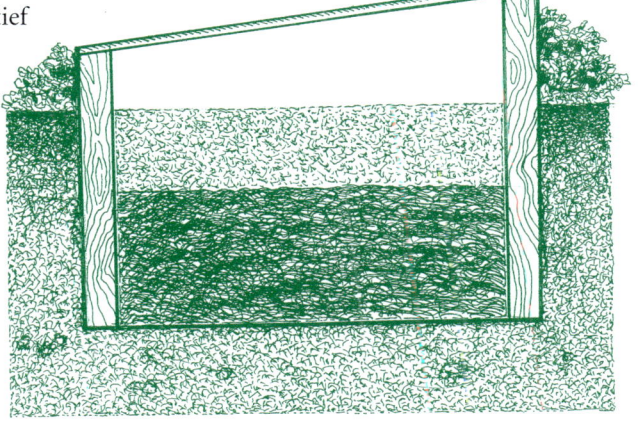

Ein fertig angelegtes Mistbeet im Querschnitt.

Fruchtgemüse

Eine Reihe von Gemüsepflanzen werden wegen ihrer wohlschmeckenden Früchte angebaut. Zu diesen Fruchtpflanzen gehören unter anderem Auberginen, Bohnen, Erbsen, Gurken, Kürbisse, Mais, Paprika, Tomaten und Zucchini. Bei ihrer Pflege sollten Sie sich die Kräfte des Mondes in den feurigen Tierkreiszeichen Widder, Löwe und Schütze zunutze machen. Eine Tabelle der gängigen Aussaat-, Pflanz- und Erntetermine von Fruchtgemüsen finden Sie auf Seite 107. Einige wichtige Arten und Sorten sind in der Folge näher beschrieben.

Tomaten

Eine riesige Sortenvielfalt steht uns bei den »Paradiesäpfeln«, wie die Tomaten auch genannt werden, zur Verfügung – von daumennagelgroßen zuckersüßen Cocktailtomaten bis zu ein Pfund schweren, feinsäuerlichen Fleischtomaten. Neben den roten Sorten gibt es ebenso aromatische gelbe und seit kurzem sogar gelb rot gestreifte – neben den runden auch ovale oder birnenförmige.

Aussaat und Pflanzung Tomaten werden bis Anfang April warm vorkultiviert (damit die Tomaten bis zum Herbst ausreifen können) und frühestens ab Mitte Mai nach den Eisheiligen, an dem wärmsten und sonnigsten Platz in Ihrem Garten ausgepflanzt, vorzugsweise an einer Südwand.

Um besonders große Früchte ernten zu können, müssen die Geiztriebe in den Blattachseln regelmäßig entfernt werden.

Pflege Die Triebe sind nicht standfest und müssen spätestens beim Fruchtansatz an einen Stab aufgebunden werden. Tomaten sind ausgesprochene Starkzehrer und brauchen reichlich Nährstoffe und während des Hochsommers auch reichlich Wasser. Die größten Tomaten erhalten Sie, wenn alle sich in den Blattachseln bildenden Neben- oder Geiztriebe frühzeitig ausgebrochen werden. Spätestens ab Mitte September sollten Sie die Pflanzen in kalten Nächten mit so genannten Tomatenhauben schützen.

Braunfäule bei Tomaten

Die sogenannte Braunfäule erkennt man an harten bräunlichen Flecken an den Früchten. Der Erreger – ein Pilz – verbreitet sich durch Sporen über die Luft und befällt auch Kartoffeln. Einer Infektion Ihrer Tomatenpflänzchen können Sie jedoch mit einfachen Maßnahmen vorbeugen:

■ Pflanzen Sie Tomaten nie in der Nähe von Kartoffeln.
■ Pflanzen Sie Tomaten in weitem Abstand und entfernen Sie die bodennahen Blätter bis zu einer Höhe von etwa 30 Zentimetern, damit die Luft gut zirkulieren kann.
■ Benetzen Sie beim Gießen die Blätter nicht.

Tomaten schmecken am besten frisch und sonnenreif geerntet. Wenn die ersten Nachtfröste angesagt sind, sollten Sie auch die unreifen Früchte ernten. Sie reifen im warmen Zimmer nach.

Gartenbohnen

Knackfrische Bohnenschoten sind eine Delikatesse, die Sie je nach Sorte bis in den Oktober hinein ernten können. Entsprechend ihrer subtropischen Herkunft sind die Pflanzen sehr frostempfindlich.

Aussaat In der Regel direkt ins Beet säen, frühestens ab Anfang Mai bis Juni, Buschbohnen auch bis Anfang Juli. Nasskaltes Wetter kann den keimenden Bohnen übel zusetzen, so dass Sie eventuell nachsäen müssen. Buschbohnen setzt man in Reihen, bei Stangenbohnen pflanzt man einen Horst von sechs bis sieben Kernen um eine mindestens zwei Meter hohe Stange herum.

Pflege Bohnen sind Schwachzehrer – in einem gut mit Kompost versorgten Gartenboden ist die Nährstoffversorgung im Normalfall gesichert. Am einfachsten ist die Kultur von Buschbohnen. Die niedrig bleibenden Pflanzen reifen schnell, stellen wenig Ansprüche und gedeihen sogar noch im Halbschatten. Um ihre Standfestigkeit zu

Die meisten Bohnensorten müssen an Stangen oder Drähten hochranken können. Nur Buschbohnen brauchen keine Stütze.

erhöhen, sollten sie angehäuft werden. Stangenbohnen haben einen bis zu dreimal höheren Ertrag als Buschbohnen und eine längere Ernteperiode. Besonders genügsam und auch noch für rauhere Lagen geeignet sind Feuerbohnen, die ebenso an Stangen gezogen werden. Achten Sie beim Kauf auf fadenlose Sorten.

Ernte Ernten Sie Bohnenschoten jung – sie sollen beim Biegen brechen – und pflücken sie den Bestand häufig durch.

Kürbisse

Kürbiskerne sind jahrelang keimfähig. Gewinnen Sie das Saatgut von ihren Winterkürbissen selbst. Säubern Sie die Kerne, lassen Sie sie trocknen und bewahren Sie sie möglichst kühl bis zum nächsten Frühjahr auf.

Kürbisse wurden im tropischen Mittel- und Südamerika schon in Urzeiten kultiviert. Groß ist das Angebot an verschiedenen Sorten: Manche Früchte erreichen bei entsprechender Pflege ein Gewicht bis zu 100 Kilogramm, andere sind kaum größer als eine Pflaume. Kleinfrüchtige Sorten wie Melonen-, Flaschen- oder Spaghettikürbis oder der aromatische Hokkaido aus Japan haben die »Schwergewichtler« heute weitgehend abgelöst.

Aussaat Mitte bis Ende Mai an Ort und Stelle säen oder nach kurzer Vorkultur auspflanzen. Diese frostempfindliche und sonnenhungrige, stark zehrende Pflanze benötigt viel Platz – großwüchsige Sorten können ein ganzes Beet überwuchern. Besonders gut wachsen Kürbisse am Rand von Komposthaufen.

Pflege Eine große Kürbispflanze kann bis zu 50 Liter Wasser am Tag verdunsten und muss während längerer Trockenperioden im Hochsommer auf jeden Fall gegossen werden. Sorgen Sie auch für reichlich Nährstoffe, außer die Pflanze wächst beim Kompost und kann sich selbst bedienen.

Ernte Man unterscheidet Sommer- und Winterkürbis:
■ Die schnell wachsenden und früh reifenden Sommerkürbisse – z. B. die Zucchini – schmecken am besten jung. Man kann vom Frühsommer bis in den Herbst hinein fortlaufend ernten, muss die Früchte dann aber bald verbrauchen.

Fruchtgemüse pflegen mit dem Mond

- Säen und Setzen von Fruchtgemüse ist bei zunehmendem Mond besonders günstig.
- Grundsätzlich sind alle Feuertage geeignet für die Pflege von Fruchtgemüse. Besonders günstig ist die Aussaat an einem Löwetag, da der Mond in diesem absteigenden Feuerzeichen die Kräfte für das Anwachsen mobilisiert.

- Fruchtgemüse, das konserviert oder gelagert werden soll, wird am besten bei abnehmendem Mond in einem Feuerzeichen geerntet. Für den direkten Verbrauch ernten Sie es hingegen bei zunehmendem Mond, es schmeckt dann besonders aromatisch. Für die Ernte ungeeignet sind Krebs- und Jungfrautage.

Im Gegensatz zu Erbsen und Dicken Bohnen sind alle Busch- und Stangenbohnen roh giftig. Die dafür verantwortlichen Stoffe werden aber schon durch kurzes Kochen zerstört.

- Die hartschaligen und gelb- oder rotfleischigen Winterkürbisse dagegen werden in reifem Zustand im Herbst geerntet. In einem kühlen Keller sind sie bis ins nächste Frühjahr lagerbar.

Blattgemüse

Im Gegensatz zum Fruchtgemüse baut man Blattgemüse wegen ihrer schmackhaften Blätter und Triebe an. Dazu gehören z.B. Fenchel, die meisten Kohlarten, Lauch, Mangold, alle Salate, Spargel und Spinat. Bei ihrer Pflege sollten Sie sich die Kräfte des Mondes in den Wasserzeichen Krebs, Skorpion und Fische zunutze machen. Eine Tabelle der gängigen Aussaat-, Pflanz- und Erntetermine von Blattgemüsen finden Sie auf Seite 106. Einige wichtige Arten und Sorten sind in der Folge näher beschrieben.

Kopfsalat

Salate

Von diesen Blattgemüsen hatte sich bis vor kurzem nur der Kopfsalat einen festen Platz auf unserem Speisezettel erobert. Inzwischen sind jedoch zahllose neue Sorten auf dem Markt. Ihr Geschmack reicht von mild bis bitter-aromatisch, und die teilweise äußerst dekorativen Blattformen, die jeder Zierpflanze Ehre machen würden, leuchten von zartgrün bis tiefrot.

Aussaat und Pflege Durch die überall erhältlichen, vorgezogenen Jungpflanzen ist der gleichzeitige Anbau verschiedenster Salatsorten sehr einfach geworden. Es ist aber auch ganz leicht, selbst anzusäen: direkt aufs Beet oder in Saatschalen für die Vorkultur. Vom Frühjahr bis zum Herbst sollte im Abstand von zwei bis drei Wochen angesät oder gepflanzt werden. So steht Ihnen jederzeit erntefrischer Salat zur Verfügung. Als Standort sollten Sie ein sonniges, gut mit reifem Kompost versorgtes Beet wählen. Bei ausreichender Feuchtigkeit erhält man in kurzer Zeit eine reichhaltige Ernte. Salat, der im Gewächshaus oder Frühbeet angebaut wird, bietet den Vorteil früher Ernten, er darf aber nur sehr zurückhaltend gedüngt werden: Vor allem bei geringer Lichtintensität ist sonst die Gefahr einer übermäßigen Nitratanreicherung groß.

Bei entsprechender Planung können Sie das ganze Jahr über die Mahlzeiten mit vitaminreichen Salaten bereichern.

■ Kopfsalat gibt es neuerdings auch in besonders knackigen rotblättrigen Sorten. Von der Pflanzung bis zur Ernte dauert seine Kultur nur fünf bis sieben Wochen. Deshalb eignet sich Kopfsalat auch gut als Vorfrucht

Kopfsalat darf nicht zu tief gepflanzt werden, sonst fault sein Herz.

ab Mitte März oder zur Bepflanzung von Beeträndern. Beachten Sie dabei aber, ob die Sorte für die Jahreszeit geeignet ist.

■ Pflücksalate bilden offene Rosetten, von denen nach Bedarf die äußeren Blätter gepflückt oder abgeschnitten werden. Das »Herz« der Pflanze bleibt stehen und bildet laufend neue Blätter.

■ Eissalat, auch Krachsalat genannt, wird vorwiegend im Frühjahr und Sommer angebaut. Er bildet feste, auf dem Beet sehr haltbare Köpfe und bleibt nach der Ernte lange frisch.

■ Endivie ist ein typischer, frostverträglicher Wintersalat, der im Juni oder Juli ausgesät und bis November geerntet werden kann. In einem Frühbeet eingeschlagen, übersteht er sogar eine längere Lagerung. Einige Neuzüchtungen bilden dichte Köpfe und sind auf diese Weise selbstbleichend.

■ Feldsalat ist eine typische Nachfrucht, die zwischen Anfang August bis Mitte September breitwürfig auf Beete gesät wird. Die Jungpflanzen sollten auf einen Abstand von gut fünf Zentimeter vereinzelt werden. Unter einer schützenden Folienabdeckung kann er den ganzen Winter geerntet werden.

■ Rauke gibt es in einer spitzblättrigen mehrjährigen und in einer rundblättrigen einjährigen Form. Pur mit Olivenöl, etwas Zitrone und Parmesan oder zu Tomaten schmeckt sie am besten. Die Aussaat kann ab März bis in den Hochsommer hinein erfolgen.

Spinat

Er ist das erste Frischgemüse im zeitigen Frühjahr und versorgt uns mit reichlich Vitaminen und Mineralstoffen. Im eigenen Garten mit milder organischer Düngung angebaut, enthält er meistens deutlich weniger Nitrat als Tiefkühlware.

Aussaat und Ernte Für die Frühjahrsernte sollte so zeitig wie möglich ausgesät werden – mit Folgesaaten bis Anfang Mai. Für die Herbsternte sät man im August. Ein Sommeranbau ist nur mit speziellen, schossfesten Sorten möglich. Spinat liebt tief gelockerten, humosen Boden, der gut mit organischem Dünger versorgt ist. Zur Ernte wird Spinat knapp über dem Boden abgeschnitten.

Besser als Spinat eignet sich der nahe Verwandte Mangold für den Anbau im Sommer. Ab Ende April bis in den Hochsommer hinein wird angesät – die ersten Blätter können nach etwa acht Wochen geerntet werden.

Weißkohl

Kopfkohl

Kohlgemüse enthalten alle wichtigen Vitamine und viele Mineralstoffe und sollten deshalb im Nutzgarten nicht fehlen. Die einzelnen Kopfkohlsorten unterscheiden sich in ihrer Entwicklungsdauer, Größe und Haltbarkeit nach der Ernte. Für den Kohlanbau im Kleingarten kommen zumeist nur die frühen Sorten in Frage, die besonders zart und schmackhaft sind.

Aussaat und Pflanzung Gekaufte Sämlinge können schon ab Ende März bis Anfang April gesetzt werden. Zur Vermeidung der Kohlhernie – einer Pilzkrankheit – werden die Pflanzlöcher mit etwas Algenkalk bestreut. Außerdem sollte man Kohlarten und andere Kreuzblüter nie im selben Beet nacheinander anbauen. Spätfröste werden von den Pflänzchen toleriert, verlangsamen aber das Wachstum deutlich. Eine schützende Folie kann das verhindern. Spätere Lagersorten werden direkt aufs Beet gesät.

Kohlrabi

Standort Ideal sind mittelschwere bis schwere Lehmböden, die durch das Einarbeiten von Kompost und das Aufbringen einer Mulchschicht schon im Herbst gut vorbereitet werden. Kohlgewächse sind ausgesprochene Starkzehrer, die nur bei guter Nährstoffversorgung gedeihen – kein Wunder, müssen sie doch gewaltige Mengen an Blättern erzeugen. Da beim Frühanbau die Hauptwachstumszeit nur sehr kurz ist, kann eine rein organische Düngung – vor allem bei kühler Witterung – zu wenig Nährstoffe bereitstellen. Deshalb sollte man, wenn die Ernte reichlich ausfallen soll, gegen Mitte Mai eine mineralische Kopfdüngung erwägen.

Rosenkoh

Blattgemüse pflegen mit dem Mond

■ ■ ■ ■ ■ ■ ■ ■ ■ ■ ■ ■ ■ ■ ■ ■ ■ ■ ■

■ Die Aussaat und Pflanzung von Blattgemüse erfolgt am besten bei zunehmendem Mond. Bei Salaten ist der abnehmende Mond günstiger, damit die Pflanzen feste Köpfe bilden und spät schießen.

■ Positive Kräfte auf das Wachstum von Blattgemüse haben die Tierkreiszeichen Krebs, Skorpion und Fische, also die Wasserzeichen. Für die Aussaat sind Fischetage, für die Pflanzung hingegen Krebs- oder Skorpiontage besonders günstig.

■ Pflegearbeiten wie Hacken, Gießen und Düngen sollten bei abnehmendem Mond erfolgen.

■ Alle Blattgemüse zum sofortigen Verbrauch sollten möglichst vormittags an einem Blatttag geerntet werden. Wenn sie noch gelagert oder konserviert werden sollen, ist ein Blüten- oder Fruchttag, vor allem im zunehmenden Mond, günstiger.

Gegen die Raupen des Kohlweißlings, einer Schmetterlingsart, hilft – außer sie abzusammeln – eine Zwischenpflanzung mit Tomaten oder Sellerie. Kohlfliegen können durch das Bedecken der Beete mit speziellen Netzen abgehalten werden.

■ Rotkohl und Weißkohl werden in unterschiedlichen Sorten für frühen und späten Anbau angeboten. Dabei sind die frühen Sorten für den sofortigen Gebrauch bestimmt. Sie lassen sich nicht lagern. Wirsing hat eine eher lockere Blattschichtung und kann das ganze Jahr über angebaut werden.

Blumenkohl

■ Rosenkohl pflanzt man am besten zwischen Mitte und Ende Mai. Die Aussaat kann schon Mitte April auf ein mit reichlich Kompost versorgtes Beet erfolgen. Bei neueren Sorten werden alle Röschen gleichzeitig erntereif; ältere Sorten müssen mehrmals durchgepflückt werden.

■ Chinakohl schmeckt sehr mild und ähnelt mit seinen knackigen Blättern und Blattstielen eher einer Salatpflanze. Die günstigste Anbauzeit liegt zwischen Mitte Juli und Anfang August, er eignet sich deshalb gut als Nachfrucht. Chinakohl wird bis Anfang November geerntet und verträgt auch leichte Fröste.

Wurzelgemüse

Versteckt in der Erde, reifen wahre Vitaminbomben in unseren Gärten. Wurzel- und Knollengemüse aus den verschiedensten Pflanzenfamilien tragen zu einer ausgewogenen und abwechslungsreichen Ernährung bei. Zu diesen Wurzelpflanzen gehören z. B. Kartoffeln, Knoblauch, Möhren, Radieschen, Rettich, Rote Bete, Pastinaken, Schwarzwurzeln, Topinambur, Wurzelpetersilie und Zwiebeln. Bei ihrer Pflege sollten Sie sich die Kräfte des Mondes in den Erdzeichen Stier, Jungfrau und Steinbock zunutze machen. Eine Tabelle der gängigen Aussaat-, Pflanz- und Erntetermine von Wurzelgemüsen finden Sie auf Seite 107. Einige wichtige Arten und Sorten sind in der Folge näher beschrieben.

Karotten

Mit ihrem hohen Gehalt an Provitamin A – dem Karotin – übertreffen Karotten alle anderen Gemüsearten. Im Handel sind sowohl frühe Sorten für den Frischverzehr, als auch späte für die Lagerung.

Karotte

Aussaat Die frühen Sorten sät man von Februar bis April ins Frühbeet oder direkt ins Freiland. Da die Samen nur langsam keimen, empfiehlt sich eine schnell keimende Markiersaat – etwa mit Kopfsalat. Die Entwicklungsdauer ist bei frühen Karottensorten schon nach spätestens drei bis vier Monaten abgeschlossen. Mittelfrühe Sorten können bis in den Juni hinein angebaut werden und haben eine etwa fünf Monate dauernde Reifezeit. Späte Lagersorten müssen bis Anfang Mai ins Beet und sind im Oktober erntereif.

Standort Karotten gedeihen am besten auf leichten und humosen Böden, die im Herbst tiefgründig gelockert wurden. Die Nährstoffversorgung für die mittelstark zehrenden Pflanzen kann gut mit frühzeitig aufgebrachten organischen Düngern gedeckt werden. Mist oder nicht vollständig verrotteter Kompost werden aber nur schlecht vertragen.

Schädlinge Möhrenfliegen können Ihnen im wahrsten Sinne des Wortes die Ernte madig machen. Sie legen schon ab Mitte Mai ihre Eier an den Stängelgrund der Pflänzchen. Durch eine Mischkultur mit Lauch und Zwiebeln kann man den Befall in der Regel deutlich vermindern. Eine sichere Abwehr dieser Schädlinge bieten aber nur über die Beete gelegte Vliese oder Netze.

Lassen Sie ein paar Steckzwiebeln auf einem Gemüsebeet auswachsen – sie ergeben schmackhaftes Schnittgrün für den Salat.

Zwiebeln

Die Zwiebel zählt zu den ältesten Kulturpflanzen überhaupt – ist sie doch als Heil-, Gewürz- und Gemüsepflanze universell einsetzbar. Sämtliche Zwiebelarten wirken harntreibend, verdauungsfördernd und appetitanregend.

Aussaat Je nach Sorte sät man Frühlings- oder Lauchzwiebeln vom Frühjahr bis in den Spätsommer (für die Ernte im nächsten Jahr). Die Bodenfläche sollte nur eingeebnet, nicht gelockert werden. Da die Zwiebelsamen gut drei Wochen zur Keimung benötigen, ist eine Markiersaat, etwa mit Kopfsalat, zu empfehlen, damit man die Reihen besser wieder erkennt. »Normale« Küchenzwiebeln entstehen dagegen aus Steckzwiebeln. Diese kann man selber ansäen oder im Handel kaufen. Sie können im Frühjahr und im Herbst gepflanzt werden.

Zwiebel

Standort Zwiebeln bevorzugen eine warme, vollsonnige Lage und leichte Böden, akzeptieren aber auch einen schwereren humosen Grund. Nach organisch gedüngter Kultur von Sellerie, Kohl oder Kartoffel gedeihen sie besonders gut und benötigen nur eine geringe Gabe organischen Dünger. Alle Zwiebelsorten gedeihen am besten in Mischkultur mit Möhren (→ Seite 63 bis 65).

Radieschen

Diese gesunden und knackigen Farbtupfer in jedem Salat brauchen nur wenig Platz in Ihrem Garten. Bei geeigneter Sortenwahl können Sie bis in den Spätherbst hinein ernten.

Aussaat Ab Mitte März nicht zu dicht säen. Im Frühjahr unter Folie entwickeln sie sich in sechs bis sieben Wochen, im Sommer genügen meist sogar vier. Sie eignen sich gut als Partner für Mischkulturen mit Kopfsalat, Spinat oder Erdbeeren.

Standort Voraussetzung für das Gedeihen von Radieschen ist ein humoser, durchlässiger Gartenboden. Versorgen Sie ihn mit reifem Kompost, verzichten Sie aber auf Mist.

Radieschen

Blütenpflanzen als Gemüse

Nur wenige Gemüse werden wegen ihrer essbaren Blüten angebaut. »Klassisch« ist die Artischocke. Als Blütenpflanze gilt auch der Brokkoli – beim Blumenkohl streiten die Fachleute über die Zuordnung.

Artischocken

Schon im Altertum schätzte man die schmackhaften Blüten dieser mehrjährigen Distelart. Die Pflanze enthält den Bitterstoff Cynarin, der auch in alkoholischen Getränken Verwendung findet und die verschiedensten Heilwirkungen hat.

Eine großwüchsige Verwandte der Artischocke ist die Karde. Bei ihr werden nicht die Knospen, sondern die fleischigen Blattstiele geerntet.

Aussaat und Pflanzung Artischocken benötigen ausgesprochen warme, sonnige Standorte mit tiefgründigen, nährstoffreichen Böden. Wenn sie mehrjährig gezogen werden sollen, ist in unserem Klima Frostschutz nötig. Die Pflanzen können durch Aussaat oder durch Teilung des Wurzelstocks älterer Stauden vermehrt werden. Die Anzucht erfolgt ähnlich wie bei Tomaten: Man sät Anfang April in kleine Töpfe auf dem Fensterbrett. Die gut abgehärteten Pflänzchen werden nicht vor Mitte Mai im Abstand von ein mal ein Meter ausgepflanzt.

Pflege und Ernte Sorgen Sie für eine gute Nährstoffversorgung und tragen Sie eine Mulchschicht auf. Ernten kann man ab Anfang August bis Ende September. Ernten Sie die Blütenknospen, solange sie noch fest und geschlossen sind.

Artischocke

Brokkoli

Die grünen oder violetten Blütenknospen dieser Kohlart sitzen auf fleischigen Stielen, die nur lockere Köpfe bilden.

Aussaat Man sät ab Anfang April bis Ende Juni direkt ins Beet – vom Gärtner bezogene Jungpflanzen können noch bis Ende Juli gesetzt werden. Voraussetzung für das Gedeihen ist ein mit reichlich Humus versorgter, lockerer Boden.

Ernte Im Gegensatz zum Blumenkohl kann man Brokkoli mehrfach ernten. Schneiden Sie die Triebe mit voll entwickelten, aber noch geschlossenen Blütenknospen, wenn sie etwa 15 Zentimeter lang sind. Die Ernte des Haupttriebs sollte möglichst früh erfolgen, da sich danach vermehrt Seitentriebe bilden.

Brokkoli

Blütengemüse anbauen mit dem Mond

■ Der zunehmende Mond an Blütentagen ist günstig für Aussaat und Pflanzung von Brokkoli und Artischocken.
■ Beide Gemüse sollten auch an Blütentagen geerntet werden –

besonders günstig dafür sind Wassermanntage.
■ Düngen und gießen Sie Blütengemüse möglichst bei abnehmendem Mond – am besten an einem Blatttag.

Brokkoli ist eine besonders wohlschmeckende und anspruchsvolle Kohlart. Sie wird nicht umsonst Spargelkohl genannt.

Anbau der wichtigsten Gemüsearten

	Aussaat	Pflanzzeit	Ernte
Blattgemüse			
Blumenkohl	April–Juni	April–Juli	August–November
Chinakohl	Juli	August	Oktober–Dezember
Eissalat	März–Juni	Mai–Juli	Juni–Oktober
Endivie	Juni–Juli	Juli–August	September–November
Feldsalat	August–September	—	November–März
Fenchel	Juni–Juli	—	September–Oktober
Grünkohl	Mai–Juni	Juni–Juli	November–Februar
Kohlrabi	April–Juli	Mai–August	August–Dezember
Kopfsalat früh	April–Juni	Mai–Juli	Juni–September
Kopfsalat spät	Juli–August	August–September	Oktober–November
Lauch Herbst	März	Mai–Juni	September–Dezember
Löwenzahn	Mai	—	Oktober–November
Mangold	April–Juli	—	Juni–Oktober
Neuseeländer Spinat	April–Mai	Mai–Juni	Juli–September
Pflücksalat	März–Juli	April–August	April–Oktober
Radicchio	Juli–August	—	April–Mai
Rauke (Rucola)	März–September	—	April–Oktober
Römischer Salat	April–Juli	April–August	Mai–November
Rosenkohl	April–Mai	Mai–Juni	Oktober–Februar
Spinat Frühjahr	Februar–April	—	April–Juni
Spinat Herbst	August	—	September–Dezember
Stangensellerie	April–Mai	Mai–Juli	August–Oktober
Weiß- und Rotkohl	März–April	April–Juni	August–November
Winterportulak	ab Juli	—	Oktober–März
Wirsing	März–August	April–September	Juni–Mai
Zuckerhut	Juli	—	September–Dezember
Blütengemüse			
Artischocken	April	Mai	August–September
Brokkoli	April–Juni	Mai–Juli	Juli–November

Anbau der wichtigsten Gemüsearten

	Aussaat	Pflanzzeit	Ernte
Fruchtgemüse			
Aubergine	März	Mai–Juni	August–September
Buschbohnen	Mai–Juli	—	Juni–September
Dicke Bohnen	März	—	Juli
Feuerbohnen	Mai–Juni	—	Juli–Oktober
Gurken	Mai–Juni	—	Juli–September
Kürbis	Mai–Juni	—	September–Oktober
Markerbse	April	—	Juni–Juli
Palerbse	März–April	—	Mai–Juni
Paprika	März	Mai–Juni	August–September
Stangenbohnen	Mai–Juni	—	Juli–Oktober
Tomaten	März	Mai–Juni	August–September
Zucchini	Mai	—	Juli–September
Zuckermais	Mai	—	August–September
Wurzelgemüse			
Chicorée	Mai	—	Oktober–November
Frühkartoffeln	—	April	Juli–August
Karotten, Möhren	März–Juni	—	Juni–Oktober
Kartoffeln	—	März–April	Juni–September
Knoblauch	—	März–April	Juli–August
Knollensellerie	März–April	Mai–Juni	Dezember–November
Kohlrüben	Juni	Juli	Oktober–November
Mairüben	März–Mai	—	April–Juni
Pastinaken	März–Juni	—	Oktober–November
Radieschen	ab März	—	ab April
Rettich	März–Juli	—	Mai–Oktober
Rote Bete	April–Juni	—	August–November
Schalotten	—	März–April	August–Oktober
Schwarzwurzel	März–April	—	Oktober–November
Steckzwiebel	—	März–April	Juni–September
Topinambur	—	März–April	ab September
Wurzelpetersilie	März–April	—	Oktober–November

Der Kräutergarten

Kräuter mit unter-schiedlichsten Aro-men können Sie auf kleinstem Raum und mit wenig Aufwand immer für Ihre Küche parat haben: Frieren Sie sie im Sommer erntefrisch für den Winter ein.

Auch im kleinsten Garten ist genügend Platz, den südlichen Char-me und die Aromenvielfalt von Kräutern und Heilpflanzen ein-zufangen. Wählen Sie dazu einen sonnigen Standort und pflanzen Sie in die gelockerte Erde einige ausdauernde Stauden oder Zwergsträucher wie Estragon, Salbei, Thymian oder Oregano. Den ganzen Sommer über wird dieser duftende Kräutergarten ihre Küche bereichern. Ein- und zweijährige Kräuter wachsen auch gut in Mischkultur auf dem Gemüsebeet. Einige Arten wie Dill, Bohnenkraut, Majoran oder Kerbel entwickeln sich sehr schnell – ihre Kultur ist kaum aufwändiger als die von ausdau-ernden Kräutern.

Aromatische Vielfalt auf kleinstem Raum – ein Kräuterbeet.

Blattkräuter

Die Erfahrung hat gezeigt, dass viele Kräuter am besten gedeihen, wenn sie an Blatttagen gepflegt werden. Vor allem bei einjährigen Arten, bei denen die Blätter noch vor der Blüte geerntet werden, aber auch bei Staudenkräutern, die einen feuchten Standort bevorzugen, sollten Sie die Wachtumsimpulse nutzen, die vom Mond in den Wasserzeichen Krebs, Skorpion und Fische ausge-hen. Eindeutig zu den Blattkräutern zählen z. B. Petersilie, Kerbel, Minze, Sauerampfer, Schnittlauch, Kresse und Basilikum.

Petersilie

Dieses alte Küchenkraut gibt es als besonders aromatische glattblättrige und als dekorative krausblättrige Sorte. Die zweijährige Pflanze nimmt selbst bei strenger Kälte keinen Schaden. Eine Laubabdeckung während des Winters lässt sie früh wieder austreiben. Bis sie blüht, kann sie auch im zweiten Jahr geerntet werden.

Aussaat Man sät von März bis Juni direkt ins Beet. Petersilienpflanzen brauchen vor allem ausreichende, gleichmäßige Feuchtigkeit. Daher sollte der Standort auch nicht zu sonnig sein. Auf schweren oder staunassen Böden kommt es oft zur so genannten Petersilienkrankheit: Die Blätter vergilben, weil die zu nassen Wurzeln geschädigt werden.

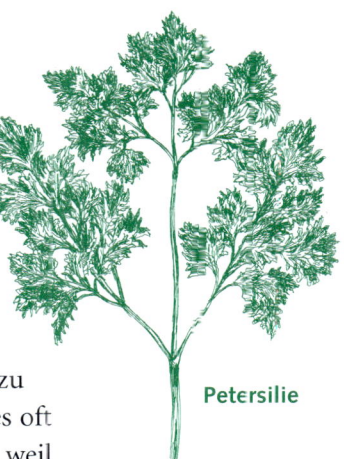

Petersilie

Schnittlauch

Diese mehrjährige Zwiebelart, die schon im zeitigen Frühjahr austreibt, wird seit Jahrhunderten als Gewürzpflanze genutzt. Sie ist reich an Vitamin C, Karotin, Eisen und Kalzium und deshalb nicht nur schmackhaft, sondern auch außerordentlich wertvoll für die Gesundheit.

Anbau Schnittlauch gedeiht auf jedem fruchtbaren Gartenboden – auch im Halbschatten. Optimal ist aber ein Standort mit lockerer, humoser Erde und gleichmäßiger Feuchte. Man vermehrt Schnittlauch einfach und problemlos durch Teilung älterer Wurzelstöcke, kann ihn jedoch im März auch direkt ins Beet säen.

Kerbel hat ähnliche Ansprüche wie Petersilie, blüht aber schon im ersten Jahr. Wurzelpetersilie ist eine eigene Sorte mit besonders großen und schmackhaften Wurzeln: Für sie gelten die Mondregeln für Wurzelgemüse (→ Seite 104).

Basilikum

Aus dem indischen Raum kam dieses stark duftende Gewürzkraut zu uns. Inzwischen gibt es viele Sorten: groß- oder kleinblättrig, grün oder rot und mit Zitronenaroma. Am schönsten und aromatischsten sind die kleinblättrigen, buschigen Formen.

Blattkräuter anbauen mit dem Mond

- Blattkräuter sollten bei zunehmendem Mond gesät oder gepflanzt und bei abnehmendem Mond gepflegt werden. Sie werden zudem durch die Mondkräfte an allen Blatttagen unterstützt. Besonders günstig für die Aussaat ist auch der aufsteigenden Mond im Wasserzeichen Fisch.

- Kräuter, die frisch verbraucht werden, ernten Sie am besten vormittags, an einem Blatttag.
- Kräuter, die getrocknet oder anderweitig konserviert werden sollen, ernten Sie hingegen am besten bei abnehmendem Mond, möglichst an einem Frucht- oder Blütentag im aufsteigenden Mond.

Basilikum

Anbau Basilikum wird ab April im Zimmer vorgezogen und frühestens nach den Eisheiligen ausgepflanzt. Die Wärme liebende Pflanze benötigt den sonnigsten Standort in Ihrem Garten – z. B. den Südrand Ihres Tomatenbeetes. Bei nasskalter Juniwitterung sollte sie mit Folien geschützt werden, sonst stockt das Wachstum. Am besten gedeiht das »königliche Kraut« in Töpfen an einem geschützten Platz auf Ihrer Südterrasse.

Blütenkräuter

Das Element Luft begünstigt die Bildung ätherischer Öle. Blütentage, an denen der Mond in einem Luftzeichen steht, sind deshalb für mehrjährig wachsende Kräuter mit starkem Aroma und für Kräuter, von denen die Blüten geerntet werden, die beste Zeit, um positive Impulse zu setzen. Die Tierkreiszeichen Zwillinge, Waage und Wassermann unterstützen deshalb das Gedeihen von stark aromatischen Kräutern wie Salbei, Lavendel, Thymian und Rosmarin, oder von Heilkräutern wie Kamille und Schafgarbe.

Minze, Sauerampfer, Estragon und Zitronenmelisse sind stark wuchernde Stauden. In einem Kräuterbeet würden sie sich zu sehr ausbreiten. Pflanzen Sie sie an die Stirnseite eines Gemüsebeets.

Thymian

Salbei

Anbau Thymian, Oregano, Salbei und Lavendel sind ausdauernde Stauden mit ähnlichen Ansprüchen: Sie benötigen einen sonnigen Standort mit durchlässigem Boden – schwere Böden sollten deshalb auf jeden Fall mit Sand vermischt werden. Da die Anzucht aus Samen ziemlich langwierig ist, sollten Sie auf in Töpfen gezogene Jungpflanzen zurückgreifen, die vom Frühling bis zum Herbst gepflanzt werden können. Ein leichter Winterschutz verhindert, dass die Sträucher zu sehr zurückfrieren.

Mediterrane Kräuter wie Oregano, Thymian oder Salbei brauchen viel Sonne, um ihr volles Aroma zu entwickeln.

Eine Ausnahme bildet der besonders aromatische Rosmarin. Die Pflanze ist in unserem Klima kaum winterhart und sollte hell und kühl, aber frostfrei überwintert werden.

Heimische Blütenkräuter wie Kamille und Schafgarbe säen Sie im Frühjahr auf ein sonniges Beet mit humoser, leicht lehmiger Erde und ernten die Blütenköpfchen den ganzen Sommer über.

Einen feuchten Standort im lichten Schatten liebt dagegen die Pfefferminze. Lehmiger Boden mit reichlich Kompost behagt ihr am besten. Dann wuchert sie stark und treibt im Frühjahr immer wieder neu aus.

Rosmarin

Blütenkräuter anbauen mit dem Mond

■■■■■■■■■■■■■■■■■■■■■■■■■■■■

■ Blütenkräuter sollten bei zunehmendem Mond angesät oder gepflanzt werden. Für alle anderen Pflegearbeiten ist der abnehmende Mond günstiger.

■ Die dem Element Luft zugeordneten Tierkreiszeichen Zwillinge, Waage und Wassermann unterstützen die Bildung ätherische Öle.

■ Der aufsteigende Mond im Wassermann ist besonders günstig für die Ernte von Kräutern, die getrocknet oder anderweitig konserviert werden sollen.

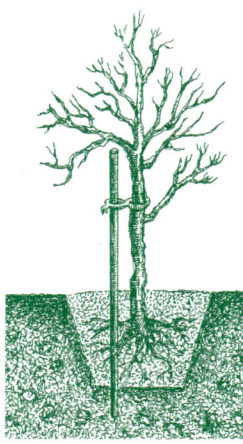

Der Obstgarten

Gönnen Sie sich Ihr Lieblingsobst frisch vom Baum oder Strauch und nutzen Sie bei Pflanzung, Pflege und Ernte die fruchtbildenden Impulse der Feuerzeichen Widder, Löwe und Schütze.

Obstbäume und -sträucher richtig pflanzen

Damit das Obstgehölz Ihrer Wahl zügig anwächst, sollten Sie bei der Pflanzung einige Grundregeln beachten:

■ Die besten Pflanztermine für Bäumchen mit Wurzelballen sind der späte Herbst und das zeitige Frühjahr. Nur Containerpflanzen können auch im Sommer gesetzt werden.

■ Die Wurzelballen sollten vor dem Auspflanzen gewässert werden. Dafür stellt man sie einige Stunden mit den Wurzeln in einen Eimer mit Wasser. Containerpflanzen kann man direkt einsetzen.

■ Das Pflanzloch mindestens doppelt so breit ausheben, wie der Durchmesser des Wurzelballens beträgt.

■ Die Sohle der Pflanzgrube mit einer Grabgabel tief lockern.

■ Auf Unterlagen veredelte Bäume so hoch einpflanzen, wie sie in der Baumschule gestanden haben. Nur einige Beerensträucher werden tiefer gesetzt (→ Seite 118 und 121).

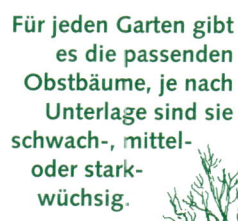

■ Damit die jungen Wurzeln nicht bei jedem Windstoß losgerissen werden, bringt man bei Obstbäumen einen Stützpfahl auf der Windseite der Pflanze an. Schwach wachsende Obstbäume müssen zeitlebens gestützt werden.

■ Das Pflanzloch um den jungen Baum oder Strauch mit Erde und reifem Kompost auffüllen. Durch wiederholtes leichtes Rütteln, Andrücken und Nachfüllen sorgt man dafür, dass keine Hohlräume zwischen den Wurzeln bleiben und die Pflanze einen festen Halt bekommt. Nach dem Anpflanzen wird kräftig gewässert.

- Um die Pflanze optimal mit Nährstoffen zu versorgen, wird der Boden um sie herum freigehalten und mit einer Mulchschicht aus Kompost bedeckt.

Baumobst

Frisch gepflückt und sonnenwarm schmecken Kirschen, Pflaumen oder Äpfel am besten. Für neue Züchtungen von Kern- und Steinobstsorten, die nicht so hoch wachsen, findet sich ein Platz auch im kleinsten Garten.

Äpfel

Bei keinem anderen Baumobst ist das Angebot an unterschiedlichen Unterlagen und Sorten so groß wie beim Apfel. Suchen Sie sich eine für Ihren Garten passende Baumgröße mit besonders wohlschmeckenden Früchten aus. Bei spezialisierten Baumschulen, Garten- und Obstbauvereinen erhalten Sie Informationen über historische Sorten.

Stark wachsende Unterlagen (Hoch- oder Halbstämme) sind robust, brauchen aber viel Platz, und der Ertrag setzt spät ein. Schwach wachsende Unterlagen dagegen (Busch- oder Spindelbäume) passen zwar in jeden Garten und tragen früh, sie sind aber sehr anspruchsvoll.

Standort Apfelbäume brauchen einen warmen, tiefgründigen und nicht zu schweren Boden, der die Feuchtigkeit gut hält. Ungeeignet sind trockene Sandböden und zu feuchte Standorte. Damit die Äpfel völlig ausreifen können, ist ein langer, sonniger Herbst förderlich. Der Wechsel von kalten Nächten und sonnenwarmen Tagen ist dabei entscheidend für die Intensität des Aromas.

Alle Apfelsorten sind nicht selbst fruchtbar und brauchen geeignete Pollenspender in der näheren Umgebung. Besonders gute Befruchter sind zum Beispiel Klarapfel und Goldparmäne. Sorten wie Boskoop oder Jacob Fischer können wegen ihres dreifachen Chromosomensatzes (triploid) keine anderen Sorten befruchten.

Apfel

Schnitt Nur Bäume mit gut durchlüfteten Kronen bringen reiche Ernten und werden wenig von Pilzerkrankungen befallen. Größere Eingriffe sollten nur in den Wintermonaten, Februar und

März, durchgeführt werden. Wasserschosse können auch im Hochsommer entfernt werden.

Ernte Je nach Sorte kann man von Ende Juli bis Ende Oktober ernten. Früchte, die man lagern möchte, sollten reif, aber nicht überreif sein. Nicht alle Sorten sind für eine lange Lagerung geeignet. Damit sich die Äpfel bis zum nächsten Frühjahr halten, sind luftfeuchte Keller mit Temperaturen um vier Grad Celsius nötig.

Birnen

Zur Veredelung von Birnen stehen zwei Unterlagen zur Verfügung: So genannte Birnensämlinge können über 100 Jahre alt werden und imposante Größen erreichen. Sie sind robust, tragen aber teilweise erst ab ihrem zehnten Jahr. Auf Quitte veredelte Sorten dagegen bilden kleine Spindel- oder Buschbäume, die schon ab dem dritten Jahr fruchten können, aber allgemein anspruchsvoller sind.

Standort Birnen sind wesentlich wärmebedürftiger als Äpfel und sollten besonders geschützt, vorzugsweise an sonnigen Südmauern stehen. Bäume auf einer Quittenunterlage sind wenig standfest und müssen stets mit einem Stützpfahl gesichert werden. Kalkreiche Böden vertragen sie nur schlecht. Wie Äpfel sind auch Birnen nicht selbst fruchtbar und benötigen eine Befruchtersorte in der Nähe.

Ein starker Ast wird durch drei versetzte Schnitte abgesägt, damit er nicht ausreißen kann.

Schnitt Wie bei Äpfeln.

Ernte Je nach Sorte kann man von Juli bis in den November ernten. Im Gegensatz zu Äpfeln erntet man Birnen nicht vollreif – sie sollten im Zimmer noch einige Tage nachreifen können. Nur wenige Sorten sind bei sehr kühler Lagerung länger als ein paar Wochen haltbar.

Süßkirschen

Früher gehörten Süßkirschen zu den Riesen unter den Obstbäumen und erreichten Höhen bis zu zehn Meter. Da ihr Holz gleichzeitig sehr bruchgefährdet ist, passierten beim Pflücken und Schneiden häufig Unfälle.

Kirsche

Standort Süßkirschen sind nicht sonderlich anspruchsvoll und wachsen auf nahezu allen, nicht zu sauren Gartenböden. Üppige Ernten, vor allem bei empfindlicheren schwach wüchsigen Unterlagen, sind aber nur auf humosen Böden in vollsonniger Lage möglich. Die frühe Blüte kann in einer einzigen Spätfrostnacht vernichtet werden, und häufige Regenfälle im Frühsommer lassen die Früchte platzen und noch am Baum schimmeln und faulen.

Die Befruchtungsverhältnisse sind besonders kompliziert: Zur Befruchtung einer Sorte sind meist nur einige ganz bestimmte andere Sorten in der Lage. Häufig wird deshalb ein geeigneter Pollenspender in die Krone des jungen Baumes hineinveredelt.

Das Geschlechtsleben der Süßkirschen ist kompliziert. Lassen Sie sich beim Kauf eines Kirschbaums auf jeden Fall über die passenden Befruchtungssorten aufklären.

Schnitt Die Krone alle zwei Jahre auslichten, um den Neuaustrieb anzuregen – am besten direkt nach der Ernte.

Ernte Je nach Sorte wird von Juni bis Mitte August geerntet. Man unterscheidet zwischen früh reifenden, weichfleischigen Herzkirschen und spät reifenden, festen Knorpelkirschen.

Sauerkirschen

Besonders als Marmeladen und Kompotte schmecken Sauerkirschen unübertroffen köstlich. Durch ihre frühe Blütenfülle haben sie aber auch einen hohen Zierwert.

Standort Sauerkirschen sind genügsamer als Süßkirschen und kommen auch noch mit rauheren und trockeneren Lagen zurecht. Nur in schwerer, nasser Erde werden die Bäume krank. Eine bekannte und unkomplizierte Sorte ist die »Schattenmorelle«, die

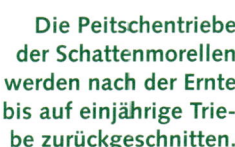

auf schweren und leichten Böden gedeiht, ebenso wie »Morellenfeuer«. Die überwiegende Mehrzahl der Sorten ist selbst fruchtbar, man braucht also nur einen Baum zu pflanzen. Nur wenige alte Sorten benötigen einen passenden Befruchter.

Schnitt Viele Sorten bilden lange Triebe, die nur noch an der Spitze blühen und fruchten. Sie sollten regelmäßig – nach der Ernte – zurückgenommen werden.

Ernte Etwas später als die Süßkirschen.

Die Peitschentriebe der Schattenmorellen werden nach der Ernte bis auf einjährige Triebe zurückgeschnitten.

Pflaumen

Zu den Pflaumen gehören vier ähnliche Steinobstgruppen:
- Pflaumen haben eine rundliche Form mit Fruchtnaht – ihr Stein sitzt je nach Sorte unterschiedlich fest.
- Zwetschgen haben eine längliche, an den Enden zugespitzte Form ohne Fruchtnaht und sind gut steinlösend.
- Reneklauden sind fast kugelrund, schwer steinlösend und grün, gelb oder rot gefärbt.
- Mirabellen bilden nur etwa kirschgroße, runde, gelbrot gefärbte Früchte und sind gut steinlösend.

Standort Pflaumen lieben warme, sonnige Lagen mit genügend Bodenfeuchtigkeit. Es gibt selbst fruchtbare, teilweise selbst fruchtbare und nicht selbst fruchtbare Sorten – informieren Sie sich deshalb beim Kauf auf jeden Fall über eventuell nötige Pollenspender. Auf jeden Fall selbst fruchtbar sind z. B. »Bühler Frühzwetschge«, »Hauszwetschge« oder »The Czar«.

Schnitt Pflaumen sollten nach der Ernte oder im Winter gelegentlich ausgelichtet und verjüngt werden.

Zwetschge

Ernte Je nach Sorte reifen Pflaumen von Mitte Juli (z. B. »Lützelsachser«) bis Mitte Oktober (z. B. »Hauszwetschge«).

Obstbäume pflegen mit dem Mond

- Zum Pflanzen von Obstbäumen ist der zunehmende Mond besonders zu empfehlen. Zusätzliche Impulse können Sie an allen Fruchttagen, besonders im Löwen, setzen.
- Früchte zum Lagern oder Konservieren sollten bei abnehmendem Mond geerntet werden. Werden die Früchte bei zunehmendem Mond geerntet, ist der Geschmack besonders aromatisch, sie halten sich aber nicht besonders lange.
- Fruchttage, aber auch Blütentage sind für die Ernte besonders günstig, Blatttage sollten vermieden werden.
- Die Edelreiser werden am besten bei aufsteigendem Mond, insbesondere an Widdertagen geschnitten oder auch bei zunehmendem Mond an Fruchttagen. Im Frühjahr werden sie an diesen Tagen aufgepfropft. Alternativ dazu sind auch Blütentage günstig.
- Alle anderen Schnittmaßnahmen werden besser bei abnehmendem Mond, am besten in der absteigenden Periode, durchgeführt, wenn die Säfte in die Wurzeln fließen.

Sorgfältiges Pflanzen und ein fester Stand sind entscheidend für das gute Anwachsen Ihres Obstbaums oder -strauchs und damit auch für einen frühen Ertrag.

Strauchobst

Mit Brombeeren und Himbeeren kann man sich den Wald in den Garten holen. Zwischen Ziersträucher gepflanzt, eignen sich Stachelbeere und Johannisbeere auch als lockerer Sichtschutz oder Abgrenzung zum Nachbarn. Pflanzen Sie am besten mehrere Beerenarten – da die Sträucher kräftig zurückgeschnitten werden können, sind sie auch für kleine Gärten eine Bereicherung.

Johannisbeeren

Vor allem die roten und »weißen« Kultursorten mit ihrem säuerlich-aromatischen Geschmack sind auch zum Vohverzehr geeignet. Die besonders Vitamin-C-reichen schwarzen Johannisbeeren mit ihrem sehr eigenen, herben Aroma lassen sich wunderbar zu Marmeladen und Säften verarbeiten.

Johannisbeere

117

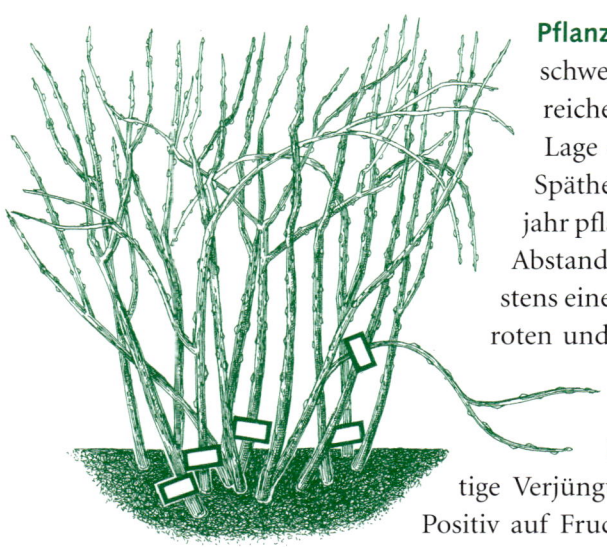

Johannisbeeren müssen regelmäßig zurückgeschnitten werden.

Die Jostabeere – eine robuste, wuchsstarke Kreuzung zwischen schwarzer Johannis- und Stachelbeere – bildet paarweise hängende, blau-schwarze Früchte. In ihrer Größe und auch in ihrem Geschmack liegen sie in etwa zwischen denen ihrer Elternpflanzen.

Pflanzung Für Beerensträucher sind mittel-schwere, tiefgründige, nährstoff- und humusreiche Böden in windgeschützter, vollsonniger Lage optimal. Gepflanzt wird am besten im Spätherbst nach dem Laubfall – wer im Frühjahr pflanzt, muss an warmen Tagen gießen. Der Abstand zwischen den Sträuchern sollte mindestens eineinhalb Meter betragen. Im Gegensatz zu roten und »weißen« Johannisbeeren pflanzt man schwarze zehn Zentimeter tiefer, als sie in der Baumschule gestanden haben, um die bei ihnen besonders wichtige Verjüngung aus dem Wurzelstock zu fördern. Positiv auf Fruchtansatz und Ertrag wirkt es sich aus, wenn mehrere verschiedene Sorten zusammen gepflanzt werden, besonders bei den oft nur unzureichend selbst fruchtbaren schwarzen Sorten.

Pflege Vor allem die schwarzen Johannisbeeren haben einen hohen Nährstoffbedarf, der in Form eines organischen Düngers im Frühjahr verabreicht werden sollte. Entscheidend für das Gedeihen ist eine gleichmäßige Bodenfeuchtigkeit, die mithilfe einer ständigen Mulchschicht erhalten wird. Sie unterdrückt zudem das Unkraut.

Schnitt Bei Johannisbeeren tragen die Einzeltriebe nur vier bis fünf Jahre, bei den schwarzen Sorten in der Regel sogar nur drei. Deshalb sollte regelmäßig gleich nach der Ernte ein Teil des älteren Holzes – kenntlich an der dunkleren Farbe – bodennah abgeschnitten und entsprechend viel kräftiges Jungholz nachgezogen werden.

Ernte Je nach Sorte reifen die Johannisbeeren von Juni bis September. Nach dem vierten Jahr kann man mit vollem Ertrag rechnen. Bei guter Pflege werden die Sträucher weit über 20 Jahre alt.

Stachelbeeren

Die Ernte der mild süß-säuerlichen Beeren wird durch die ausgeprägten Stacheln an den Zweigen erschwert. Die bis zu eineinhalb Meter hohen, breit ausladenden Sträucher haben kleine, sehr hübsche Blüten, aus denen sich rote, grüne, »weiße« und gelbe Beeren mit mehr oder weniger ausgeprägter Behaarung entwickeln. Sie sind besonders reich an Vitamin A.

Pflanzung Im Herbst oder im Frühjahr vor dem Austrieb pflanzt man im Abstand von knapp zwei Metern. Stachelbeeren brauchen einen humusreichen, nicht zu sauren Boden und einen geschützten, sonnigen Standort, der im Idealfall mittags etwas beschattet sein sollte: Die Beeren bekommen nämlich leicht einen Sonnenbrand. In der Sonne reifen aber süßere Beeren, weshalb die Sträucher zumindest den halben Tag besonnt sein sollten.

Pflege Wie bei Johannisbeeren sollten die Pflanzen im Frühjahr mit organischem Dünger und einer feuchtigkeitsbewahrenden Mulchschicht versorgt werden.

Schnitt Beste Erträge und große Früchte erhalten Sie nur, wenn Sie die Sträucher mit einem regelmäßigen Schnitt verjüngen: Reduzieren Sie auf sechs bis acht kräftige Gerüstäste – am besten gleich nach der Ernte. Bei dem häufig vorkommenden Befall mit Amerikanischem Mehltau, der Triebspitzen und Früchte mit einem weißlichen Belag überzieht, hilft nur eine Radikalkur: Schneiden Sie alle befallenen Triebe bis ins gesunde Holz zurück.

Die im Handel erhältlichen, gegen Mehltau resistenten Neuzüchtungen schmecken leider meist nicht so gut wie die klassischen Sorten.

Ernte Je nach Sorte kann man von Mitte Juni bis August ernten. Ernten Sie ungefähr ein Drittel der Früchte über den ganzen Strauch verteilt halb reif etwa Anfang bis Mitte Juni und verwenden Sie sie für Marmeladen und Kompott. Die Sträucher werden dadurch entlastet, die verbliebenen Beeren wachsen größer und reifen besser aus. Tragen Sie beim Pflücken Handschuhe!

119

Himbeeren

Ein paar Himbeer-pflanzen gehören in jeden Garten, zumal die Früchte wegen ihrer aufwendigen Ernte und der Empfindlichkeit beim Transport sehr teuer sind.

Man kannte die Himbeere schon in der Antike als Heilmittel. Ein Himbeerbeet ist schnell angelegt, wenig pflegeaufwendig und bringt schon im dritten Jahr vollen Ertrag. Die Pflanzen bilden direkt aus dem Wurzelstock bis zu drei Meter lange, teilweise verholzte Triebe, die im zweiten Jahr wieder absterben. Je nachdem, wann sie fruchten, unterscheidet man drei Gruppen von Himbeeren.

■ Einmal tragende Himbeeren fruchten ausschließlich an den zweijährigen Ruten im Sommer.

■ Zweimal tragende Himbeeren bilden zusätzlich eine Herbst-ernte an den einjährigen Ruten.

■ Herbsthimbeeren schließlich fruchten ausschließlich an den im jeweiligen Jahr gewachsenen Jungruten.

Pflanzung Im Herbst oder zeitig im Frühjahr pflanzt man mit einem Abstand von etwa 40 Zentimetern in der Reihe und ein-einhalb Metern zwischen den Reihen. Die am Wurzelhals sicht-baren Triebknosben sollten etwa fünf Zentimeter hoch mit Erde bedeckt sein und die Jungruten auf 30 bis 50 Zentimeter Länge eingekürzt werden. Als Standort ist ein mittelschwerer, tiefgrün-diger und humoser Boden in voller Sonne ideal. Der pH-Wert sollte nicht höher als 5,5 bis 6,0 sein. Auch wenn die verschiedenen Himbeer-sorten weitgehend selbst fruchtbar sind, gibt es eine reichlichere Ernte, wenn unterschiedli-che Sorten zusammen gepflanzt werden.

Himbeeren müssen aufgebunden werden. Die zweijährigen Ruten werden nach der Ernte dicht über dem Boden abgeschnitten

Pflege Eine kräftige, im Frühjahr ausgebrachte organische Düngung und eine Mulchschicht, die die Feuchtigkeit erhält, decken die Grundbedürf-nisse der Pflanzen. Einen zu hohen pH-Wert kann man durch die Verwendung saurer Mulch-materialien – z. B. Nadelholzrinde – senken. Vergessen Sie nicht, diesen Stickstoff zehrenden Materialien (→ Seite 53) z. B. Hornspäne, beizumengen. Himbeerruten müssen immer an einem Gerüst angebunden werden (→ Abbildung Seite 120), sonst fallen sie um.

Schnitt Bei ein- und zweimal tragenden Sorten werden im Juni die Jungruten auf etwa zehn pro Meter ausgedünnt. Nach der Sommerernte sollten alle abgetragenen zweijährigen Ruten abgeschnitten werden. Bei Herbsthimbeeren, die ausschließlich an einjährigen Ruten tragen, werden nach der Ernte alle Triebe entfernt.

Ernte Einmal tragende Himbeeren reifen je nach Sorte zwischen Juli und August, zweimal tragende an den einjährigen Ruten zusätzlich noch im September bis Oktober. Herbsthimbeeren kann man von Juli bis Oktober ernten.

Vorbeugend gegen die von Pilzen hervorgerufene Rutenkrankheit, die man an violett-braunen Rindenpartien erkennt, sollte man mit Schachtelhalmbrühe spritzen, frühzeitig zu dichte Bestände auslichten und abgetragene Ruten möglichst tief abschneiden.

Brombeeren

Dieser an Waldrändern beheimatete Halbstrauch verwöhnt uns mit süß-aromatischen, Vitamin-A-reichen Früchten. Da seine Ruten im Gegensatz zu denen der Himbeeren ständig weiter wachsen, können die Pflanzen – wenn Sie es zulassen – eine Pergola, oder auch Ihren ganzen Garten überwuchern.

Pflanzung Die starkwüchsigen, aber teilweise nicht allzu frostharten Pflanzen werden am besten im Frühjahr in einem Abstand von mindestens zwei Metern gesetzt. Pflanzen Sie die Brombeere etwa fünf Zentimeter tiefer, als sie in der Baumschule stand. Als Standort eignet sich jeder nicht staunasse Boden mit pH-Werten bis zu 6,5 in vollsonniger Lage. Alle Sorten sind selbst fruchtbar.

Brombeere

Pflege Durch ihr stark entwickeltes, tief reichendes Wurzelsystem können sich die Pflanzen gut mit Wasser und Nährstoffen versorgen, für gute Erträge sind aber eine organische Düngung im Frühjahr und eine Mulchschicht ratsam. Brombeeren sind so genannte Spreizklimmer, die angebunden werden müssen.

Besonders robust und aromatisch ist die dornenlose schottische Neuzüchtung »Loch Ness«. Aufrecht wachsende Brombeersorten wie »Wilsons Frühe« werden wie Himbeeren kultiviert.

Schnitt Im Juli die Seitentriebe der Jungruten (»Geiztriebe«) auf zwei bis vier Augen zurückschneiden. Nach der Ernte – wie bei Himbeeren – die abgetragenen Ruten bodennah abschneiden, die Jungruten auf die fünf bis sechs kräftigsten ausdünnen und aufbinden. Man kann Brombeeren aber auch wild an Zäunen der Spalieren wuchern lassen und nur bei Bedarf auslichten.

Ernte Je nach Sorte reifen Brombeeren von Juli bis Oktober. Stachellose Sorten sind wesentlich einfach zu ernten.

Erdbeeren

In Ihrem Gemüsegarten sollten Sie dieser kleinen und gar nicht so pflegeaufwendigen Beerenstaude ein sonniges, humoses Beet reservieren. Denn was wäre ein Sommer ohne aromatische Erdbeeren! Die verschiedenen Erdbeersorten fasst man in drei Gruppen zusammen:

- Einmal tragende Erdbeeren fruchten nur wenige Wochen im Jahr je nach Sorte zwischen Anfang Juni und Mitte Juli. An zahllosen Ranken bilden sie Tochterpflanzen, die erst im nächsten Jahr zur Blüte kommen.
- Zweimal tragende Erdbeeren bilden zusätzlich eine zweite größere Ernte von August bis Oktober. Bei den so genannten Klettererdbeeren fruchten auch die Tochterpflanzen noch im selben Jahr.

Erdbeere

- Immer tragende oder Monatserdbeeren sind Abkömmlinge der Walderdbeeren, die keine Ranken bilden. Sie fruchten durchgehend von Juni bis in den Oktober.

Pflanzung Erdbeeren benötigen einen tief gelockerten, humosen, leicht sauren Gartenboden, der mit Kompost angereichert werden sollte. Zweimal oder immer tragende Sorten pflanzt man im Frühjahr, und kann dann im selben Jahr bereits ernten. Einmal tragende Sorten werden von Juli bis Mitte August gepflanzt. Die jungen Pflänzchen dürfen nicht tiefer gesetzt werden, als sie angezogen wurden, sonst fault das Herz. Der Pflanzabstand beträgt etwa 40 Zentimeter.

Pflege Mulchschichten aus Stroh oder Holzwolle unterdrücken nicht nur Unkraut, sondern halten auch den Boden feucht und schützen die empfindlichen Früchte. Die stark zehrenden Pflanzen benötigen eine kräftige organische Düngung, die vorzugsweise im Sommer verabreicht werden sollte. Um die Pflanzen nicht unnötig zu schwächen, sollten die sich bildenden Ausläuferpflanzen im Laufe des Sommers immer wieder entfernt werden.
Erdbeeren können gut in den Gemüsegarten integriert werden. Mischkulturen mit Knoblauch, Zwiebeln und Lauch schützen gegen Pilzerkrankungen, gute Nachbarn sind auch Kohlrabi, Salat, Spinat, Buschbohnen und Radieschen.

Vermehrung Rankende Erdbeersorten vermehren sich von selbst: Lassen Sie früh gebildete Tochterpflanzen in ebenerdig eingesenkte Töpfe mit Blumenerde einwurzeln. Sobald sie gut eingewachsen sind, kann die Verbindung gekappt werden. Monatserdbeeren bilden keine Ranken, sie müssen im Frühjahr gesät werden.

Alle »modernen« Erdbeersorten sind selbst fruchtbar – nur die besonders aromatische »Mieze Schindler« benötigt einen ebenfalls spät blühenden Befruchtungspartner.

Erdbeeren lassen sich ganz einfach durch Tochterpflanzen vermehren.

Beerenobst pflegen mit dem Mond

■ Besonders wohlschmeckende Beeren erhalten Sie, wenn die Pflanze bei zunehmendem Mond gepflanzt und bei abnehmendem Mond gedüngt und gemulcht wird.
■ Aussaat und Ernte sind besonders günstig an Fruchttagen.

■ Beeren, die eingemacht werden sollen, erntet man bei abnehmendem Mond. Bei zunehmendem Mond schmecken sie jedoch besonders aromatisch und können dann zum sofortigen Verzehr geerntet werden. Ungeeignet sind Krebs- und Jungfrautage.

Zimmer, Balkon und Terrasse

Überlegen Sie sich vor dem Kauf, welche Standorte Sie der neuen Pflanze bieten können, und lassen Sie sich dann von einem Fachverkäufer beraten.

Im Blumentopf oder in Balkonkästen sind die Pflanzen ganz anderen Bedingungen ausgesetzt als im Garten. Für ihre Wurzeln steht ihnen nur begrenzter Raum zur Verfügung, und Wasser und Nährstoffe können nicht aus dem großen Reservoir der tieferen Erdschichten nachgeliefert werden. Deshalb sind Ihre Lieblinge ganz auf Sie angewiesen. Nutzen Sie auch hier die kosmischen Kräfte des Mondes!

Pflanzenpflege – im Zimmer und auf Balkon und Terrasse

Die günstigsten Bedingungen findet jede Pflanze in ihrem heimatlichen Naturraum. Damit sie sich auch bei Ihnen wohl fühlt, sollten Sie die Standort- und Pflegebedürfnisse jeder einzelnen Pflanze möglichst optimal erfüllen. Es gibt mehrere Faktoren, die für Wachstum und Gesundheit einer Pflanze ausschlaggebend sind:

Innerhalb eines Zimmers nimmt das Licht tatsächlich wesentlich stärker ab, als es das Auge wahrnimmt.

Licht

Die meisten Arten wachsen am besten an hellen Plätzen ohne direkte Mittagssonne. Für nahezu alle Zimmer- und Balkonpflanzen geeignete Standorte sind deshalb Ost- oder Westseiten.

500 Lux

2000 Lux

15 000 Lux

bis 100 000 Lux

An Südfenstern und an vollsonnigen Außenstandorten werden Sie im Sommer auf jeden Fall reichlich gießen müssen, und die Gefahr von Sonnenbränden ist hoch. Bedenken Sie auch, dass helle Außenwände an Balkonen und Terrassen das einfallende Sonnenlicht zusätzlich stark reflektieren. Schattige Standorte im Zimmerinneren oder an Nordseiten vertragen viele Pflanzen durchaus, das Wachstum wird aber langsamer und weniger üppig sein.

Als Faustregel gilt für Zimmerpflanzen im Winter: Je geringer die Lichteinstrahlung, desto niedriger sollte die Temperatur sein, und desto geringer ist der Wasser- und Nährstoffbedarf.

Temperatur

Unsere sommerlichen Temperaturen sind für die wenigsten Pflanzen ein Problem, sofern ihr Wasserbedarf gedeckt wird. Im Winter brauchen aber die meisten Arten eine Ruheperiode an einem hellen und kühleren Ort. Das gilt für viele Zimmerpflanzen, für alle Kübelpflanzen und für beliebte Balkonblüher wie Geranien oder Fuchsien. Bei zu warmer Überwinterung im Zimmer ruhen die Pflanzen nicht und werden anfällig gegenüber Schädlingen. Im nächsten Jahr blühen sie kaum noch. Nur einige tropische Arten brauchen das ganze Jahr über gleichmäßige Wärme – ihnen kann es im Zimmer oder Wintergarten auch zu kalt werden.
Balkone und Terrassen können auch mit frostharten Arten bepflanzt werden. Damit über den Winter keine Frostschäden an Töpfen und Pflanzen auftreten, sollten Sie die Töpfe im Herbst mit Pappe, Stroh oder Noppenfolie isolieren.

Luftfeuchtigkeit

Wenn Pflanzen in der Wohnung überwintern, leiden sie unter trockener Heizungsluft. Verdorrte Blattspitzen und hartnäckiger Schädlingsbefall können die Folgen sein. Versuchen Sie deshalb, zumindest in unmittelbarer Nähe der Pflanzen, für höhere Luftfeuchtigkeit zu sorgen. Das erreichen Sie durch Luftbefeuchter.

Eine mit Kies und Wasser gefüllte Schale unter Ihren Pflanzen sorgt für eine erhöhte Luftfeuchtigkeit.

Blumentöpfe und Balkonkästen können im Sommer sehr schnell austrocknen. Machen Sie die Fingerprobe: Ist das Substrat auch zwei Zentimeter unter der Oberfläche trocken, brauchen die Pflanzen Wasser.

Gießen

Pflanzen sollten gegossen werden, als würde ein warmer Regenschauer niedergehen, also mit temperiertem und weichem Wasser. Gießen Sie eher selten und kräftig als häufig und sparsam. Ebenso wichtig ist es aber, stauende Nässe – die häufigste »Todesursache« von Topfpflanzen – zu vermeiden. Gefäße oder Balkonkästen ohne Abzug sind hier besonders gefährdet und müssen sehr vorsichtig gegossen werden.

Düngen

Zimmer-, Balkon- und Kübelpflanzen sind darauf angewiesen, dass Sie sie während der Wachstumsphase mit Nährstoffen versorgen. Im Gartenfachhandel kann man fast ausschließlich sogenannte Volldünger kaufen, die alle wichtigen Nährelemente, meist als mineralische Salze, in einem ausgewogenen Verhältnis enthalten. Am praktischsten sind Flüssigdünger, die einfach dem Gießwasser beigegeben werden. Speziell abgestimmte Düngemischungen gibt es sowohl für Grün- als auch für Blütenpflanzen. Kakteendünger enthalten besonders wenig Stickstoff und eignen sich auch für andere Sukkulenten. Orchideen- und Rhododrondünger sind speziell auf die Bedürfnisse kalkempfindlicher Pflanzen abgestimmt.

Auch organische Dünger sind eine mögliche Nährstoffquelle für Zimmer- und Balkonpflanzen. Die Abbauvorgänge durch Bodenorganismen sind in den Pflanzgefäßen aber wesentlich langsamer als im Gartenboden, wodurch es leicht zu Mangelerscheinungen kommen kann.

Düngen Sie Ihre Pflanzen regelmäßig während der Wachstumsphase und beachten Sie dabei die Dosierungsvorschriften auf der Düngerpackung.

Nicht düngen sollten Sie:
- Im Freien überwinternde Pflanzen nach Anfang August
- Pflanzen in der Ruhephase bei Temperaturen unter 12 °C
- Alle Pflanzen bis zu zwei Monate nach dem Umtopfen

Sehr sparsam düngen sollten Sie:
- Alle kalk- und salzempfindlichen, tropischen Zimmerpflanzen wie Orchideen und Bromelien
- Kakteen und Sukkulenten
- Eine Pflanze während des Überwinterns in einem warmen Zimmer

Zimmer- und Balkonpflanzen pflegen mit dem Mond

■■■■■■■■■■■■■■■■■■■■■■■■■■■

■ Gießen Sie nach Möglichkeit regelmäßig an Blatttagen bei abnehmendem Mond – Ihre Pflanzen werden es Ihnen mit kräftigem Wuchs danken.

■ Bei abnehmendem Mond können Pflanzen auch Dünger besonders gut aufnehmen. Optimal für eine Düngung ist jedoch ein Blatttag im Vollmond.

■ Der absteigende Mond lässt die Kräfte in die unteren Pflanzenteile strömen und aktiviert die Wurzelbildung – umgetopfte Pflanzen wachsen jetzt besonders gut an. Sie können

einen zusätzlichen positiven Mondimpuls setzen, wenn Sie Blattpflanzen an Wassertagen und Blütenpflanzen an Lufttagen umpflanzen.

■ Stecklinge zur Vermehrung von Zimmer- und Balkonpflanzen schneiden Sie am besten bei absteigendem Mond.

■ Sie können beim Umtopfen, Düngen und bei der Stecklingsvermehrung zusätzliche Impulse setzen: Verrichten Sie solche Arbeiten bei Blattpflanzen an Wassertagen, bei Blütenpflanzen an Lufttagen.

Ältere, größere Zimmer- und Kübelpflanzen müssen nur selten umgetopft werden. Entfernen Sie alljährlich vorsichtig die obersten Erdschicht, in der sich Kalk und schädliche Düngesalze bevorzugt ansammeln, und füllen Sie mit frischem Substrat auf.

Pflanzen schonend umtopfen:
1 Den Wurzelballen aus dem Topf nehmen
2 Einen Teil der alten Erde vorsichtig entfernen
3 Wurzelballen in dem neuen Topf mit frischer Erde auffüllen
4 Gut festdrücken und angießen

Umtopfen

Wenn der Topf zu eng wird, sollte die Pflanze in einen größeren umgepflanzt werden. Bei stark wachsenden Arten wird das einmal, manchmal auch zweimal pro Jahr nötig sein. Der richtige Zeitpunkt dafür ist das Frühjahr nach der Winterruhe, denn frisches und gut gedüngtes Substrat unterstützt das Wachstum. Vermeiden sollten Sie ein Umtopfen während der winterlichen Ruhephase und der Blütezeit. Beachten Sie beim Umtopfen, dass Sie die Pflanze nicht tiefer setzen, als sie vorher gestanden hat und drücken Sie das Substrat gut an. Vergessen Sie nicht, kräftig anzugießen und lassen Sie überschüssiges Wasser ablaufen.

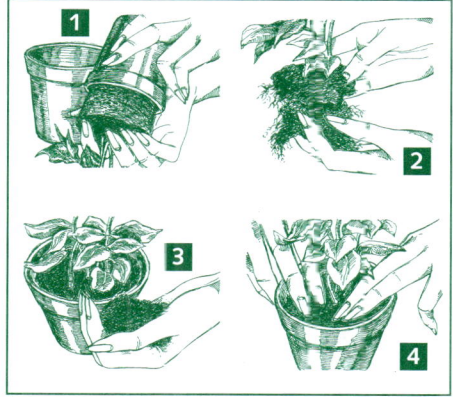

Schädlinge an Zimmer- und Balkonpflanzen

Es gibt im Wesentlichen sechs Gruppen von Schädlingen:

Blattläuse

Sie vermehren sich schnell und sind meist gut zu erkennen. Wenn viele Blattläuse an Blattunterseiten und jungen Trieben saugen, verkrümmen und verfärben sich die Blätter.

Schildläuse

Ausgewachsene Schildläuse sitzen unbeweglich unter einem schützenden Wachsschild an Blattunterseiten und Stängeln. Sie bevorzugen trocken-warme Bedingungen und saugen an den Blatthauptadern. Stark befallene Blätter welken und vergilben.

Woll- oder Schmierläuse

Sie bilden ein watteartiges Gespinst aus und bleiben zeitlebens beweglich.

Weiße Fliege

Ein ähnliches Schadbild wie die Schildläuse verursacht die Weiße Fliege. Sie liebt feucht-warme Bedingungen und fliegt bei Berührung der Pflanze kurz auf.

Thripse

Das sind ein bis zwei Millimeter lange, hell-dunkel gestreifte Insekten, die besonders bei trocken-warmen Bedingungen massenhaft im Zimmer auftreten. Sie erzeugen charakteristische silbrig-weiße Flecken auf der Blattunterseite.

Spinnmilben

Die Spinnmilben oder Roten Spinnen sind nur einen halben Millimeter groß und treten bevorzugt bei trocken-warmen Bedingungen auf. Wenn die hauchfeinen Gespinste zu sehen sind, ist es fast zu spät. Durch ihre Saugtätigkeit entstehen weißliche Sprenkel, die später vergilben.

Schädlinge sanft bekämpfen

Bekämpfen Sie Schädlinge möglichst sofort, wenn Sie sie bemerken. Wenn sie erst einmal überhand genommen haben, sind die Pflanzen meistens schon stark geschädigt. Versuchen Sie es zunächst mit mechanischen Methoden:

- Spritzen Sie die befallenen Triebe nach Möglichkeit unter der Brause mit einem scharfen Strahl gründlich ab.
- Entfernen Sie außerdem stark befallene Pflanzenteile, z. B. Triebspitzen mit verkrüppelten Blättern.
- Ausgewachsene Schild- und Wollläuse entfernen Sie am besten mit einem Wattestäbchen oder einer alten Zahnbürste.
- Untersuchen Sie auch alle in der Nähe stehenden Pflanzen auf einen Befall und trennen Sie die gesunden von den kranken.

Erst wenn diese Mittel nicht helfen, sollten Sie auf eines der folgenden nicht oder kaum giftigen Mittel zurückgreifen und die befallenen Pflanzen damit von allen Seiten tropfnass einspritzen:

- Schmierseifenlauge (ein Esslöffel auf einen Liter Wasser) wird von fast allen Pflanzen gut vertragen. Es spült die Schädlinge und ihre Eier ab oder erstickt sie.
- Ölhaltiges Spritzmittel wirkt gut bei hartlaubigen Pflanzen. Es überzieht die Schädlinge mit einem Film und erstickt sie.
- Pyrethrum ist zwar ein starkes Gift, das mit aller Vorsicht gehandhabt werden sollte, es zerfällt aber unter dem Einfluss von Sonnenlicht innerhalb weniger Tage. Wenden Sie es deshalb nur abends an und sprühen Sie es – zum Schutz von Bienen und Hummeln – nie in die Blüten von Balkonpflanzen.

Gleichzeitig mit der Bekämpfung von Schädlingen im Zimmer sollten Sie immer auch versuchen, die Standort- und Pflegebedingungen zu verbessern. Sorgen Sie vor allem für eine höhere Luftfeuchtigkeit.

Saugende Insekten scheiden so genannten Honigtau – überschüssigen Zucker aus dem Pflanzensaft – aus. Der klebrige Belag ist ein guter Nährboden für Pilze und sollte abgewaschen werden.

Schädlinge bekämpfen mit dem Mond

- Der abnehmende Mond ist grundsätzlich der günstigste Termin für die Schädlingsbekämpfung.
- Oberirdische Schädlinge werden am besten an Krebs-, Zwillinge- und Schützetagen bekämpft.

Gartenarbeiten durch das Jahr

Damit Sie sich jederzeit rasch über die in den verschiedenen Jahreszeiten anstehenden Gartenarbeiten informieren können, haben wir auf den folgenden Seiten jeweils die wichtigsten Tätigkeiten im Frühling, Sommer, Herbst und Winter zusammengestellt. Bei jeder der Arbeiten ist außerdem der günstigste Mondstand durch die folgenden Symbole dargestellt:

Hier können Sie sich einen schnellen Überblick verschaffen, was zu jeder Jahreszeit zu tun ist.

Vollmond	☻	Fruchttag	🍅
Abnehmender Mond	☽	Blütentag	🌷
Zunehmender Mond	☽	Blatttag	🌿
Neumond	☻	Wurzeltag	🌱

Die wichtigsten Gartenarbeiten im Winter mit den besten Mondständen

In diesen Monaten spielt sich im Garten wenig ab. Aber diese ruhige Zeit kann man für vielfältige Vorbereitungs- und Planungsarbeiten nutzen.

Ziergarten

■ Zimmerpflanzen kühl, hell stellen, nicht düngen, wenig gießen.

■ Bei Kübel- und Zimmerpflanzen im Winterquartier sollten Sie eventuelle Schädlinge konsequent bekämpfen und bei trockener Heizungsluft für hohe Luftfeuchtigkeit sorgen. ☽

■ Frostschutz für neu gepflanzte Stauden, empfindliche Ziersträucher und Balkonpflanzen anbringen.

■ Frostkeimer ansäen (bis Januar). ☽🌷

■ Immergrüne Sträucher und neu gepflanzte Stauden in trockenen Wintern an frostfreien Tagen ab und zu gießen. ☽🌿

- Die ersten Blumen mit langer Vorkultur im Februar auf dem Fensterbrett ansäen. ☾ ✿
- Ein Verjüngungsschnitt von zu groß gewordenen Sträuchern sollte bis Februar erfolgen. ☾ 🌲
- Im Sommer blühende Ziersträucher jetzt auslichten. ☾ ✿

Gemüse- und Kräutergarten

- Eine Erdmiete zum Einlagern von Wurzelgemüse, wie Möhren, Sellerie und Rote Beete, anlegen. ☾
- Die letzten Blattgemüse wie Lauch, Grünkohl, Rosenkohl, Spinat und Feldsalat können geerntet werden. ☾ 🌲
- Die letzten Wurzelgemüse ernten und im Keller oder in einer Erdmiete einlagern. ☾ 🌱
- Mitte Februar das Mistbeet im Frühbeet ausheben und auffüllen. Die erste Aussaat kann ab Mitte Februar erfolgen. ☾

Obstgarten

- Edelreiser bei frostfreiem Wetter schneiden und bis zum nächsten Frühjahr einschlagen. ☺ ☾ 🍅
- Der Winterschnitt bei Kern- und Steinobst sollte erst nach den stärksten Frösten erfolgen. ☾ 🍅
- Baumpflege: Lose Rindenteile, Fruchtmumien und Raupengespinste entfernen. ☾
- Obstbäume mit Schutzanstrich gegen Frostrisse schützen.
- Bei milder Witterung können Obstbäume ab Februar gepflanzt werden (Stützpfahl als Windschutz). ☾ 🍅
- Schneelasten vorsichtig von den Gehölzen entfernen.
- Faulendes Lagerobst aussortieren.
- Leimringe gegen Frostsperren gegebenenfalls erneuern. ☾ 🍅

Der Winter lässt sich für planerische und vorbereitende Maßnahmen sinnvoll nutzen.

Die wichtigsten Gartenarbeiten im Frühling mit den besten Mondständen

In dieser Jahreszeit erwacht alles im Garten zu neuem Leben. Es ist gar nicht einfach über alle anstehenden Arbeiten den Überblick zu behalten. Das Säen und Pflanzen in den verschiedenen Gartenbereichen steht im Mittelpunkt. Die Beetvorbereitung und Unkrautbekämpfung darf aber auch nicht vernachlässigt werden.

Ziergarten

■ Mulchschicht und organische Frühjahrsdüngung für Stauden und Ziersträucher aufbringen. ☺ ☾ ♣

■ Im Sommer blühende Ziersträucher auslichten und Rosen schneiden. ☾ ♣

■ Im Sommer blühende Zwiebel- und Knollengewächse werden jetzt ausgepflanzt. ☾ ⁂

■ Bis April ist auch die beste Pflanzzeit für Stauden und Blütensträucher. ☽ ♣

■ Sommerblumen direkt aussäen, vorziehen oder pflanzen – auch für Balkon und Terrasse. ☽ ♣

Frühling – der Garten erwacht. Jetzt wird gesät und gepflanzt.

- Kübelpflanzen können nach den Eisheiligen wieder ins Freie gebracht werden, aber achten Sie auf einen geschützten Platz, da sonst die Gefahr von Sonnenbrand besteht.
- Zimmer- und Kübelpflanzen, die zu groß geworden sind oder frische Erde brauchen, sollten vor dem Austreiben umgetopft werden. ☽ ❦ oder ⚜
- Neuen Rasen ansäen (Mai) ☽ ❦ oder alten Rasen düngen und vertikutieren; überprüfen Sie auch jetzt den pH-Wert des Bodens, und kalken Sie bei Bedarf. ☾ ❦
- Formierte Hecken erhalten im April den ersten Schnitt, außer wenn Vögel in den Sträuchern brüten. ☾ ❦

Wenn Sie sich nach dem Mond richten wollen, vergleichen Sie die Symbole mit dem Mondkalender (→ Seite 138/139).

Gemüse- und Kräutergarten

- Im zeitigen Frühjahr die Gemüsebeete oberflächlich lockern.
- Auf die Gemüsebeete eine organische Grunddüngung ausbringen. ☺ ☾ 🍅
- Wurzelgemüse an Ort und Stelle aussäen – Kartoffeln und Zwiebeln pflanzen. ☾ ⚘
- Blattgemüse sowie einjährige Kräuter ansäen, vorziehen und pflanzen. ☽ ❦
- Tomaten, Paprika und Aubergirnen ab Mitte März vorziehen und nach den Eisheiligen auspflanzen.
- Hülsenfrüchte, Gurken und Kürbisse direkt aussäen oder nach kurzer Vorkultur auspflanzen. ☽ 🍅
- Unkraut auf den frisch angelegten Beeten jäten. ☾ 🐌
- Komposthaufen neu anlegen. ☾ ❦
- Die ersten Kräuter, Salate und Radieschen ernten. ☽ ❦ bzw. ⚘

Obstgarten

- Organische Frühjahrsdüngung für Obstbäume und -sträucher ausbringen, offene Baumscheiben mit Mulch abdecken. ☺ ☾ 🍅
- Winterschnitt am Kern-/Steinobst im März abschließen. ☾ 🍅
- Pflanzzeit für Obstbäume und -sträucher sowie mehrmals tragende Erdbeeren. ☽ 🍅
- Erdbeerbeet mit Stroh oder Holzwolle mulchen. ☾ 🍅

133

Die wichtigsten Gartenarbeiten im Sommer mit den besten Mondständen

Im Sommer ernten Sie die ersten Früchte der Frühjahrsarbeit.

Der Garten ist voll erblüht und die ersten Gemüsesorten und Früchte können geerntet werden. Damit das Wachstum weiter gefördert wird, sollte man an heißen und sonnigen Tagen die Pflanzen ausreichend gießen. Auch eine gute Nährstoffversorgung ist jetzt besonders wichtig, damit es eine reichhaltige Ernte im Herbst gibt.

Ziergarten

- Herbstblühende Zwiebelblumen werden im Juli und August gepflanzt. ☾ ⚘
- Die letzten Sommerblumen jetzt im Freien ansäen oder auspflanzen. ☽ ⚘
- Frühlingsblühende Ziersträucher gleich nach der Blüte schneiden. ☾ ⚘
- Blattläuse regelmäßig von den Pflanzen entfernen und Mehltau an Rosen bekämpfen. ☾ ⚘
- Abgeblühte Stauden zurückschneiden oder teilen. ☾ ⚘
- Grüne Hecken für den Sichtschutz erhalten im Juni den zweiten und im August den dritten Schnitt. ☾ ⚘
- Die Blumenwiese wird das erste Mal im Juli mit der Sense gemäht. ☾ ⚘

Gemüse- und Kräutergarten

- Frei werdende Beete mulchen oder Gründüngungspflanzen einsäen. ☾ ⚘
- Den Komposthaufen im Laufe des Sommers mehrmals umsetzen. ☾ ⚘, ⚘
- Gemüsebeete bei Bedarf gießen. ☾
- Stark zehrende Gemüse erhalten eine Kopfdüngung. ☺ ☾
- Der allerletzte Termin für die Aussat von Bohnen ist Anfang Juli. ☽ ⚘

- Späte Wurzelgemüsesorten direkt ansäen oder pflanzen. ☾ ⚘
- Salate regelmäßig nachsäen. ☾ 🍃
- Rhabarber- und Spargelernte bis 24. Juni abschließen. ☽ 🍃
- Das Unkraut von allen Gemüsebeeten entfernen, ausgerissene Wurzelunkräuter auf dem Beet vertrocknen lassen. ☾ 🌿
- Schnecken von den Beeten absammeln und Schneckenzäune anbringen. ☾

Obstgarten

- Reich tragende Obstbäume und -sträucher noch einmal düngen. ☺ ☾
- Beeren- und Steinobst sowie die ersten Frühäpfel sind jetzt reif und können geerntet werden. ☽ 🍅
- Beerensträucher und Steinobstbäume gleich nach der Ernte auslichten. ☾ 🍅
- Beim Kernobst Wasserschosse entfernen. ☾ 🍅
- Erdbeeren nach der Ernte düngen, Ausläufer entfernen und die Tochterpflanzen von rankenden Erdbeersorten zur Vermehrung in Töpfe einwurzeln lassen. ☾ 🍅
- Neue Erdbeerbeete mit einmal tragenden Sorten bis August anlegen. ☽ 🍅

Volle Blüte und die erste Ernte kennzeichnen den Sommer im Garten.

Die wichtigsten Gartenarbeiten im Herbst mit den besten Mondständen

Jetzt ist die Zeit, die Ernte abzuschließen. Die Beete werden für den Winter vorbereitet. Vor den ersten Frösten müssen alle Maßnahmen zum Schutz der Pflanzen abgeschlossen sein. Aber auch letzte Ansaaten von Gründüngungspflanzen, die eine Auswaschungen von wertvollen Nähstoffen verhindern, sind jetzt ratsam.

Ziergarten

Im Spätherbst wird der Garten »winterfertig« gemacht, denn die ersten Fröste drohen.

- Neuen Rasen ansäen (September). ☽ 🌿
- Zweite Mahd der Blumenwiese sollte im September oder Oktober stattfinden. ☾ 🌿
- Die Zwiebeln und Knollen frühjahrsblühender Blumen bis Mitte November setzen. ☾ 🌱
- Die vorhandenen Kübelpflanzen sollten vor den ersten Frösten ins Haus geholt werden und an einen kühlen, hellen Ort zum Überwintern gestellt werden.
- Die Knollen von Begonien, Dahlien und Gladiolen vor den ersten Frösten ausgraben und einlagern. ☾ 🌱
- Laub abwerfende Ziersträucher bis in den November pflanzen, immergrüne Gehölze und Koniferen ein oder zwei Monate früher, damit sie anwachsen können. ☽ 🌿, 🌿
- Im Herbst gepflanzte Stauden gelegentlich gießen und gegen die kommenden Fröste schützen. ☾ 🌿

Gemüse- und Kräutergarten

- Letzte Aussaat von Feldsalat und Spinat im September. Wintersalate können noch gepflanzt werden. ☽ 🌿
- Späte Wurzel- und Knollengemüse jetzt ernten und einlagern. ☾ 🌱
- Gemüsebeete vor den ersten Dauerfrösten tiefgründig lockern und mit einer Mulchschicht bedecken. ☾ 🌱

■ Winterharte Gründüngungs-pflanzen an abgeräumten Beeten ansäen.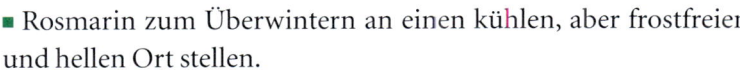

■ Rhabarberstauden am besten im Oktober teilen und verpflanzen.

■ Bei der Neuanlage eines Gartens mit schwerem, humusarmen Boden die zukünftigen Beete tief umgraben.

■ Um die Ausreifung später, aber nicht winterharter Gemüsesorten zu beschleunigen, sollte man die Beete mit Folien abdecken.

■ Rosmarin zum Überwintern an einen kühlen, aber frostfreien und hellen Ort stellen.

■ Mehrjährige winterharte Kräuter, wie Salbei, Schnittlauch und Petersilie, mit Laub abdecken.

Im Herbst schließt der Gärtner die Ernte ab, dann bereitet er den Garten auf den Winter vor.

Obstgarten

■ An gefährdeten Obstbäumen Leimringe gegen Frostspanner anbringen (bis Oktober).

■ Den Schnitt an Beerensträuchern wie Himbeeren, Brombeeren und Johannisbeeren bis September abschließen.

■ Steinobstbäume können bis in den frühen Herbst hinein beschnitten werden.

■ Äpfel und Birnen ernten und einlagern.

■ Robuste Obstbäume wie Apfel, Birne, Kirsche oder Pflaume bis in den November hinein pflanzen.

■ Mit dem Winterschnitt beim Kernobst kann nach dem Laubfall begonnen werden.

■ Steckhölzer für die Vermehrung von Obststräucher schneiden.

■ Für Nützlinge Unterschlüpfe für den Winter bereitstellen wie z. B. Holz- oder Laubhaufen.

Mondkalender 2000

Januar

Tag		Hinweis	
1	Sa	Blatt	
2	So	Blatt	
3	Mo	Frucht	
4	Di	Frucht	
5	Mi	Frucht	
6	Do ☻ 19.15	Wurzel	
7	Fr	Wurzel	
8	Sa	Blüte	
9	So	Blüte	
10	Mo	Blüte	
11	Di	Blatt	
12	Mi	Blatt	
13	Do	Frucht	
14	Fr ☽	Frucht	
15	Sa	Frucht	
16	So	Wurzel	
17	Mo	Wurzel	
18	Di	Blüte	
19	Mi	Blüte	
20	Do	Blatt	
21	Fr ☽ 05.42	Blatt	
22	Sa	Frucht	
23	So	Frucht	
24	Mo	Wurzel	
25	Di	Wurzel	
26	Mi	Blüte	
27	Do	Blüte	
28	Fr ☾	Blatt	
29	Sa	Blatt	
30	So	Blatt	
31	Mo	Frucht	

Februar

Tag		Hinweis	(handschriftl.)
1	Di	Frucht	
2	Mi	Wurzel	
3	Do	Wurzel	
4	Fr	Wurzel	
5	Sa ☻ 14.04	Blüte	
6	So	Blüte	
7	Mo	Blatt	
8	Di	Blatt	
9	Mi	Blatt	
10	Do	Frucht	
11	Fr	Frucht	
12	Sa ☽	Wurzel	
13	So	Wurzel	
14	Mo	Blüte	
15	Di	Blüte	
16	Mi	Blatt	
17	Do	Blatt	
18	Fr	Frucht	*Feuer*
19	Sa ☺ 17.28	Frucht	*Feuer*
20	So	Wurzel	*Erde*
21	Mo	Wurzel	*Erde*
22	Di	Blüte	*Luft*
23	Mi	Blüte	*Luft*
24	Do	Blüte	*Luft*
25	Fr	Blatt	*Wasser*
26	Sa	Blatt	*Wasser*
27	So ☾	Frucht	*Feuer*
28	Mo	Frucht	*Feuer*
29	Di	Frucht	*Feuer*

März

Tag		Hinweis	(handschriftl.)
1	Mi	Wurzel	*Erde*
2	Do	Wurzel	*Erde*
3	Fr	Blüte	*Luft*
4	Sa	Blüte	*Luft*
5	So	Blatt	*Wasser*
6	Mo ☻ 06.18	Blatt	*Wasser*
7	Di	Blatt	*Wasser*
8	Mi	Frucht	*Erde*
9	Do	Frucht	*Erde*
10	Fr	Wurzel	*Erde*
11	Sa	Wurzel	*Erde*
12	So	Blüte	*Luft*
13	Mo	Blüte	*Luft*
14	Di	Blatt	*Wasser*
15	Mi	Blatt	*Wasser*
16	Do	Frucht	*Feuer*
17	Fr	Frucht	*Feuer*
18	Sa	Frucht	*Feuer*
19	So	Wurzel	*Erde*
20	Mo ☺ 05.45	Wurzel	*Erde*
21	Di	Blüte	*Luft*
22	Mi	Blüte	*Luft*
23	Do	Blatt	*Wasser*
24	Fr	Blatt	*Wasser*
25	Sa	Frucht	*Feuer*
26	So	Frucht	*Feuer*
27	Mo	Frucht	*Feuer*
28	Di ☾	Wurzel	*Erde*
29	Mi	Wurzel	*Erde*
30	Do	Blüte	*Luft*
31	Fr	Blüte	*Luft*

Mondkalender 2000

April				Mai				Juni			
1	Sa	Blüte		1	Mc	Blatt		1	Do	Wurzel	
2	So	Blatt		2	Di	Frucht		2	Fr ● 13.15	Blüte	
3	Mo	Blatt		3	Mi	Frucht		3	Sa	Blüte	
4	Di ● 19.13	Frucht		4	Do ● 05.13	Wurzel		4	So	Blatt	
5	Mi	Frucht		5	Fr	Wurzel		5	Mo	Blatt	
6	Do	Wurzel		6	Sa	Blüte		6	Di	Frucht	
7	Fr	Wurzel		7	So	Blüte		7	Mi	Frucht	
8	Sa	Blüte		8	Mo	Blatt		8	Do	Wurzel	
9	So	Blüte		9	Di	Blatt		9	Fr ☽	Wurzel	
10	Mo	Blüte		10	Mi ☽	Frucht		10	Sa	Blüte	
11	Di ☽	Blatt		11	Do	Frucht		11	So	Blüte	
12	Mi	Blatt		12	Fr	Wurzel		12	Mo	Blüte	
13	Do	Frucht		13	Sa	Wurzel		13	Di	Blatt	
14	Fr	Frucht		14	So	Blüte		14	Mi	Blatt	
15	Sa	Wurzel		15	Mo	Blüte		15	Do	Frucht	
16	So	Wurzel		16	Di	Blüte		16	Fr ☺ 23.28	Frucht	
17	Mo	Blüte		17	Mi	Blatt		17	Sa	Frucht	
18	Di ☺ 18.43	Blüte		18	Do ☺ 08.35	Blatt		18	So	Wurzel	
19	Mi	Blatt		19	Fr	Frucht		19	Mo	Wurzel	
20	Do	Blatt		20	Sa	Frucht		20	Di	Blüte	
21	Fr	Blatt		21	So	Frucht		21	Mi	Blüte	
22	Sa	Frucht		22	Mo	Wurzel		22	Do	Blüte	
23	So	Frucht		23	Di	Wurzel		23	Fr	Blatt	
24	Mo	Wurzel		24	Mi	Blüte		24	Sa	Blatt	
25	Di	Wurzel		25	Do	Blüte		25	So ☾	Frucht	
26	Mi ☾	Wurzel		26	Fr ☾	Blüte		26	Mo	Frucht	
27	Do	Blüte		27	Sa	Blatt		27	D	Frucht	
28	Fr	Blüte		28	So	Blatt		28	Mi	Wurzel	
29	Sa	Blatt		29	Mo	Frucht		29	Do	Wurzel	
30	So	Blatt		30	Di	Frucht		30	Fr	Blüte	
				31	Mi	Wurzel					

Mondkalender 2000

Juli

1	Sa ☻ 20.21	*Blüte*	
2	So	*Blatt*	
3	Mo	*Blatt*	
4	Di	*Frucht*	
5	Mi	*Frucht*	
6	Do	*Wurzel*	
7	Fr	*Wurzel*	
8	Sa ☽	*Blüte*	
9	So	*Blüte*	
10	Mo	*Blatt*	
11	Di	*Blatt*	
12	Mi	*Blatt*	
13	Do	*Frucht*	
14	Fr	*Frucht*	
15	Sa	*Wurzel*	
16	So ☺ 14.56	*Wurzel*	
17	Mo	*Wurzel*	
18	Di	*Blüte*	
19	Mi	*Blüte*	
20	Do	*Blatt*	
21	Fr	*Blatt*	
22	Sa	*Blatt*	
23	So	*Frucht*	
24	Mo ☾	*Frucht*	
25	Di	*Wurzel*	
26	Mi	*Wurzel*	
27	Do	*Blüte*	
28	Fr	*Blüte*	
29	Sa	*Blatt*	
30	So	*Blatt*	
31	Mo ☻ 03.26	*Frucht*	

August

1	Di	*Frucht*	
2	Mi	*Wurzel*	
3	Do	*Wurzel*	
4	Fr	*Blüte*	
5	Sa	*Blüte*	
6	So	*Blatt*	
7	Mo ☽	*Blatt*	
8	Di	*Blatt*	
9	Mi	*Frucht*	
10	Do	*Frucht*	
11	Fr	*Wurzel*	
12	Sa	*Wurzel*	
13	So	*Wurzel*	
14	Mo	*Blüte*	
15	Di ☺ 06.14	*Blüte*	
16	Mi	*Blatt*	
17	Do	*Blatt*	
18	Fr	*Blatt*	
19	Sa	*Frucht*	
20	So	*Frucht*	
21	Mo	*Wurzel*	
22	Di ☾	*Wurzel*	
23	Mi	*Blüte*	
24	Do	*Blüte*	
25	Fr	*Blatt*	
26	Sa	*Blatt*	
27	So	*Frucht*	
28	Mo	*Frucht*	
29	Di ☻ 11.20	*Wurzel*	
30	Mi	*Wurzel*	
31	Do	*Wurzel*	

September

1	Fr	*Blüte*	
2	Sa	*Blüte*	
3	So	*Blatt*	
4	Mo	*Blatt*	
5	Di ☽	*Frucht*	
6	Mi	*Frucht*	
7	Do	*Frucht*	
8	Fr	*Wurzel*	
9	Sa	*Wurzel*	
10	So	*Blüte*	
11	Mo	*Blüte*	
12	Di	*Blüte*	
13	Mi ☺ 20.38	*Blatt*	
14	Do	*Blatt*	
15	Fr	*Frucht*	
16	Sa	*Frucht*	
17	So	*Wurzel*	
18	Mo	*Wurzel*	
19	Di	*Wurzel*	
20	Mi	*Blüte*	
21	Do ☾	*Blüte*	
22	Fr	*Blatt*	
23	Sa	*Blatt*	
24	So	*Frucht*	
25	Mo	*Frucht*	
26	Di	*Wurzel*	
27	Mi ☻ 20.54	*Wurzel*	
28	Do	*Blüte*	
29	Fr	*Blüte*	
30	Sa	*Blatt*	

Mondkalender 2000

Oktober

1	So	Blatt	
2	Mo	Frucht	
3	Di	Frucht	
4	Mi	Frucht	
5	Do ☽	Wurzel	
6	Fr	Wurzel	
7	Sa	Blüte	
8	So	Blüte	
9	Mo	Blüte	
10	Di	Blatt	
11	Mi	Blatt	
12	Do	Frucht	
13	Fr ☺ 09.54	Frucht	
14	Sa	Frucht	
15	So	Wurzel	
16	Mo	Wurzel	
17	Di	Blüte	
18	Mi	Blüte	
19	Do	Blatt	
20	Fr ☾	Blatt	
21	Sa	Frucht	
22	So	Frucht	
23	Mo	Wurzel	
24	Di	Wurzel	
25	Mi	Blüte	
26	Do	Blüte	
27	Fr ● 08.59	Blüte	
28	Sa	Blatt	
29	So	Blatt	
30	Mo	Frucht	
31	Di	Frucht	

November

1	Mi	Wurzel	
2	Do	Wurzel	
3	Fr	Wurzel	
4	Sa ☽	Blüte	
5	So	Blüte	
6	Mo	Blatt	
7	Di	Blatt	
8	Mi	Blatt	
9	Do	Frucht	
10	Fr	Frucht	
11	Sa ☺ 22.16	Wurzel	
12	So	Wurzel	
13	Mo	Blüte	
14	Di	Blüte	
15	Mi	Blatt	
16	Do	Blatt	
17	Fr	Frucht	
18	Sa ☾	Frucht	
19	So	Wurzel	
20	Mo	Wurzel	
21	Di	Wurzel	
22	Mi	Blüte	
23	Do	Blüte	
24	Fr	Blatt	
25	Sa	Blatt	
26	So ● 00.12	Frucht	
27	Mo	Frucht	
28	Di	Frucht	
29	Mi	Wurzel	
30	Do	Wurzel	

Dezember

1	Fr	Blüte	
2	Sa	Blüte	
3	So	Blüte	
4	Mo ☽	Blatt	
5	Di	Blatt	
6	Mi	Frucht	
7	Do	Frucht	
8	Fr	Wurzel	
9	Sa	Wurzel	
10	So	Wurzel	
11	Mo ☺ 10.04	Blüte	
12	D	Blüte	
13	Mi	Blatt	
14	Do	Blatt	
15	Fr	Frucht	
16	Sa	Frucht	
17	So	Wurzel	
18	Mo ☾	Wurzel	
19	Di	Blüte	
20	Mi	Blüte	
21	Do	Blatt	
22	Fr	Blatt	
23	Sa	Frucht	
24	So	Frucht	
25	Mo ● 18.23	Frucht	
26	Di	Wurzel	
27	Mi	Wurzel	
28	Do	Blüte	
29	Fr	Blüte	
30	Sa	Blüte	
31	So	Blatt	

Mondkalender 2001

Januar

1	Mo	Blatt	
2	Di ☽	Frucht	
3	Mi	Frucht	
4	Do	Frucht	
5	Fr	Wurzel	
6	Sa	Wurzel	
7	So	Blüte	
8	Mo	Blüte	
9	Di ☺ 21.25	Blatt	
10	Mi	Blatt	
11	Do	Frucht	
12	Fr	Frucht	
13	Sa	Wurzel	
14	So	Wurzel	
15	Mo	Blüte	
16	Di ☾	Blüte	
17	Mi	Blatt	
18	Do	Blatt	
19	Fr	Blatt	
20	Sa ☾	Frucht	
21	So	Frucht	
22	Mo	Wurzel	
23	Di	Wurzel	
24	Mi ● 14.08	Wurzel	
25	Do	Blüte	
26	Fr	Blüte	
27	Sa	Blatt	
28	So	Blatt	
29	Mo	Blatt	
30	Di	Frucht	
31	Mi	Frucht	

Februar

1	Do ☽	Wurzel	
2	Fr	Wurzel	
3	Sa	Blüte	
4	So	Blüte	
5	Mo	Blatt	
6	Di	Blatt	
7	Mi	Blatt	
8	Do ☺ 08.13	Frucht	
9	Fr	Wurzel	
10	Sa	Wurzel	
11	So	Blüte	
12	Mo	Blüte	
13	Di	Blüte	
14	Mi	Blatt	
15	Do ☾	Blatt	
16	Fr	Frucht	
17	Sa	Frucht	
18	So	Wurzel	
19	Mo	Wurzel	
20	Di	Wurzel	
21	Mi	Blüte	
22	Do	Blüte	
23	Fr ● 09.22	Blatt	
24	Sa	Blatt	
25	So	Blatt	
26	Mo	Frucht	
27	Di	Frucht	
28	Mi	Wurzel	

März

1	Do	Wurzel	
2	Fr	Wurzel	
3	Sa ☽	Blüte	
4	So	Blüte	
5	Mo	Blatt	
6	Di	Blatt	
7	Mi	Frucht	
8	Do	Frucht	
9	Fr ☺ 18.24	Wurzel	
10	Sa	Wurzel	
11	So	Blüte	
12	Mo	Blüte	
13	Di	Blatt	
14	Mi	Blatt	
15	Do	Frucht	
16	Fr ☾	Frucht	
17	Sa	Frucht	
18	So	Wurzel	
19	Mo	Wurzel	
20	Di	Blüte	
21	Mi	Blüte	
22	Do	Blüte	
23	Fr	Blatt	
24	Sa	Blatt	
25	So ● 02.22	Frucht	
26	Mo	Frucht	
27	Di	Frucht	
28	Mi	Wurzel	
29	Do	Wurzel	
30	Fr	Blüte	
31	Sa	Blüte	

Mondkalender 2001

April				Mai				Juni			
1	So ☽	Blatt		1	Di	Frucht		1	Fr	Blüte	
2	Mo	Blatt		2	Mi	Frucht		2	Sa	Blüte	
3	Di	Frucht		3	Do	Wurzel		3	So	Blatt	
4	Mi	Frucht		4	Fr	Wurzel		4	Mo	Blatt	
5	Do	Wurzel		5	Sa	Blüte		5	Di	Frucht	
6	Fr	Wurzel		6	So	Blüte		6	Mi ☺ 02.40	Frucht	
7	Sa	Blüte		7	Mo ☺ 14.54	Blatt		7	Do	Frucht	
8	So ☺ 04.23	Blüte		8	Di	Blatt		8	Fr	Wurzel	
9	Mo	Blatt		9	Mi	Frucht		9	Sa	Wurzel	
10	Di	Blatt		10	Do	Frucht		10	So	Blüte	
11	Mi	Blatt		11	Fr	Wurzel		11	Mo	Blüte	
12	Do	Frucht		12	Sa	Wurzel		12	Di	Blüte	
13	Fr	Frucht		13	So	Wurzel		13	Mi	Blatt	
14	Sa	Wurzel		14	Mo	Blüte		14	Do ☾	Blatt	
15	So ☾	Wurzel		15	Di ☾	Blüte		15	Fr	Frucht	
16	Mo	Wurzel		16	Mi	Blatt		16	Sa	Frucht	
17	Di	Blüte		17	Do	Blatt		17	So	Frucht	
18	Mi	Blüte		18	Fr	Blatt		18	Mo	Wurzel	
19	Do	Blatt		19	Sa	Frucht		19	Di	Wurzel	
20	Fr	Blatt		20	So	Frucht		20	Mi	Blüte	
21	Sa	Blatt		21	Mo	Wurzel		21	Do ● 12.59	Blüte	
22	So	Frucht		22	Di	Wurzel		22	Fr	Blatt	
23	Mo ● 16.27	Frucht		23	Mi ● 03.47	Blüte		23	Sa	Blatt	
24	Di	Wurzel		24	Do	Blüte		24	So	Frucht	
25	Mi	Wurzel		25	Fr	Blüte		25	Mo	Frucht	
26	Do	Blüte		26	Sa	Blatt		26	Di	Wurzel	
27	Fr	Blüte		27	So	Blatt		27	Mi	Wurzel	
28	Sa	Blatt		28	Mo	Frucht		28	Do ☽	Blüte	
29	So	Blatt		29	Di ☽	Frucht		29	Fr	Blüte	
30	Mo ☽	Frucht		30	Mi	Wurzel		30	Sa	Blatt	
				31	Do	Wurzel					

Mondkalender 2001

Juli				August				September			
1	So	Blatt		1	Mi	Wurzel		1	Sa	Blüte	
2	Mo	Blatt		2	Do	Wurzel		2	So ☺ 22.44	Blüte	
3	Di	Frucht		3	Fr	Wurzel		3	Mo	Blatt	
4	Mi	Frucht		4	Sa ☺ 06.57	Blüte		4	Di	Blatt	
5	Do ☺ 16.05	Wurzel		5	So	Blüte		5	Mi	Frucht	
6	Fr	Wurzel		6	Mo	Blatt		6	Do	Frucht	
7	Sa	Blüte		7	Di	Blatt		7	Fr	Frucht	
8	So	Blüte		8	Mi	Blatt		8	Sa	Wurzel	
9	Mo	Blüte		9	Do	Frucht		9	So	Wurzel	
10	Di	Blatt		10	Fr	Frucht		10	Mo ☾	Blüte	
11	Mi	Blatt		11	Sa	Wurzel		11	Di	Blüte	
12	Do	Blatt		12	So ☾	Wurzel		12	Mi	Blatt	
13	Fr ☾	Frucht		13	Mo	Wurzel		13	Do	Blatt	
14	Sa	Frucht		14	Di	Blüte		14	Fr	Frucht	
15	So	Wurzel		15	Mi	Blüte		15	Sa	Frucht	
16	Mo	Wurzel		16	Do	Blatt		16	So	Wurzel	
17	Di	Blüte		17	Fr	Blatt		17	Mo ● 11.28	Wurzel	
18	Mi	Blüte		18	Sa	Frucht		18	Di	Blüte	
19	Do	Blatt		19	So ● 03.56	Frucht		19	Mi	Blüte	
20	Fr ● 20.45	Blatt		20	Mo	Wurzel		20	Do	Blatt	
21	Sa	Frucht		21	Di	Wurzel		21	Fr	Blatt	
22	So	Frucht		22	Mi	Blüte		22	Sa	Frucht	
23	Mo	Wurzel		23	Do	Blüte		23	So	Frucht	
24	Di	Wurzel		24	Fr	Blatt		24	Mo ☽	Frucht	
25	Mi	Blüte		25	Sa ☽	Blatt		25	Di	Wurzel	
26	Do	Blüte		26	So	Frucht		26	Mi	Wurzel	
27	Fr ☽	Blüte		27	Mo	Frucht		27	Do	Blüte	
28	Sa	Blatt		28	Di	Frucht		28	Fr	Blüte	
29	So	Blatt		29	Mi	Wurzel		29	Sa	Blüte	
30	Mo	Frucht		30	Do	Wurzel		30	So	Blatt	
31	Di	Frucht		31	Fr	Blüte					

Mondkalender 2001

Oktober

Tag		Phase	Art
1	Mo		Blatt
2	Di	14.50	Frucht
3	Mi		Frucht
4	Do		Frucht
5	Fr		Wurzel
6	Sa		Wurzel
7	So		Blüte
8	Mo		Blüte
9	Di		Blatt
10	Mi	☽	Blatt
11	Do		Blatt
12	Fr		Frucht
13	Sa		Frucht
14	So		Wurzel
15	Mo		Wurzel
16	Di	20.24	Blüte
17	Mi		Blüte
18	Do		Blatt
19	Fr		Blatt
20	Sa		Frucht
21	So		Frucht
22	Mo		Wurzel
23	Di		Wurzel
24	Mi	☽	Wurzel
25	Do		Blüte
26	Fr		Blüte
27	Sa		Blatt
28	So		Blatt
29	Mo		Blatt
30	Di		Frucht
31	Mi		Frucht

November

Tag		Phase	Art
1	Do	06.42	Wurzel
2	Fr		Wurzel
3	Sa		Blüte
4	So		Blüte
5	Mc		Blüte
6	Di		Blatt
7	Mi		Blatt
8	Do	☽	Frucht
9	Fr		Frucht
10	Sa		Wurzel
11	So		Wurzel
12	Mo		Blüte
13	Di		Blüte
14	Mi		Blatt
15	Do	07.41	Blatt
16	Fr		Frucht
17	Sa		Frucht
18	So		Frucht
19	Mo		Wurzel
20	Di		Wurzel
21	Mi		Blüte
22	Do	☽	Blüte
23	Fr		Blatt
24	Sa		Blatt
25	So		Blatt
26	Mo		Frucht
27	Di		Frucht
28	Mi		Wurzel
29	Do		Wurzel
30	Fr	21.50	Wurzel

Dezember

Tag		Phase	Art
1	Sa		Blüte
2	So		Blüte
3	Mo		Blatt
4	Di		Blatt
5	Mi		Frucht
6	Do		Frucht
7	Fr	☽	Wurzel
8	Sa		Wurzel
9	So		Blüte
10	Mo		Blüte
11	Di		Blatt
12	Mi		Blatt
13	Do		Blatt
14	Fr	21.48	Frucht
15	Sa		Frucht
16	So		Wurzel
17	Mo		Wurzel
18	Di		Blüte
19	Mi		Blüte
20	Do		Blüte
21	Fr		Blatt
22	Sa	☽	Blatt
23	So		Frucht
24	Mo		Frucht
25	Di		Frucht
26	Mi		Wurzel
27	Do		Wurzel
28	Fr		Blüte
29	Sa		Blüte
30	So	11.42	Blatt
31	Mo		Blatt

Mondkalender 2002

	Januar				Februar				März		
1	Di	Frucht		1	Fr	Wurzel		1	Fr	Blüte	
2	Mi	Frucht		2	Sa	Blüte		2	Sa	Blüte	
3	Do	Wurzel		3	So	Blüte		3	So	Blatt	
4	Fr	Wurzel		4	Mo ☾	Blatt		4	Mo	Blatt	
5	Sa	Wurzel		5	Di	Blatt		5	Di	Frucht	
6	So ☾	Blüte		6	Mi	Frucht		6	Mi ☾	Frucht	
7	Mo	Blüte		7	Do	Frucht		7	Do	Frucht	
8	Di	Blatt		8	Fr	Wurzel		8	Fr	Wurzel	
9	Mi	Blatt		9	Sa	Wurzel		9	Sa	Wurzel	
10	Do	Frucht		10	So	Wurzel		10	So	Blüte	
11	Fr	Frucht		11	Mo	Blüte		11	Mo	Blüte	
12	Sa	Wurzel		12	Di ● 08.42	Blüte		12	Di	Blüte	
13	So ● 14.30	Wurzel		13	Mi	Blatt		13	Mi	Blatt	
14	Mo	Wurzel		14	Do	Blatt		14	Do ● 03.04	Blatt	
15	Di	Blüte		15	Fr	Blatt		15	Fr	Frucht	
16	Mi	Blüte		16	Sa	Frucht		16	Sa	Frucht	
17	Do	Blatt		17	So	Frucht		17	So	Frucht	
18	Fr	Blatt		18	Mo	Wurzel		18	Mo	Wurzel	
19	Sa	Blatt		19	Di	Wurzel		19	Di	Wurzel	
20	So	Frucht		20	Mi ☽	Wurzel		20	Mi	Blüte	
21	Mo ☽	Frucht		21	Do	Blüte		21	Do	Blüte	
22	Di	Wurzel		22	Fr	Blüte		22	Fr ☽	Blüte	
23	Mi	Wurzel		23	Sa	Blatt		23	Sa	Blatt	
24	Do	Wurzel		24	So	Blatt		24	So	Blatt	
25	Fr	Blüte		25	Mo	Frucht		25	Mo	Frucht	
26	Sa	Blüte		26	Di	Frucht		26	Di	Frucht	
27	So	Blatt		27	Mi ☺ 10.18	Wurzel		27	Mi	Wurzel	
28	Mo ☺ 23.52	Blatt		28	Do	Wurzel		28	Do ☺ 19.26	Wurzel	
29	Di	Frucht						29	Fr	Blüte	
30	Mi	Frucht						30	Sa	Blüte	
31	Do	Wurzel						31	So	Blatt	

Mondkalender 2002

April				Mai				Juni			
1	Mo	Blatt		1	Mi	Wurzel		1	Sa	Blüte	
2	Di	Frucht		2	Do	Wurzel		2	So	Blatt	
3	Mi	Frucht		3	Fr	Wurzel		3	Mo ☾	Blatt	
4	Do ☾	Wurzel		4	Sa ☾	Blüte		4	Di	Blatt	
5	Fr	Wurzel		5	So	Blüte		5	Mi	Frucht	
6	Sa	Blüte		6	Mo	Blatt		6	Do	Frucht	
7	So	Blüte		7	Di	Blatt		7	Fr	Frucht	
8	Mo	Blüte		8	Mi	Blatt		8	Sa	Wurzel	
9	Di	Blatt		9	Do	Frucht		9	So	Wurzel	
10	Mi	Blatt		10	Fr	Frucht		10	Mo	Blüte	
11	Do	Frucht		11	Sa	Wurzel		11	Di ● 00.48	Blüte	
12	Fr ● 20.22	Frucht		12	So ● 11.46	Wurzel		12	Mi	Blatt	
13	Sa	Frucht		13	Mo	Wurzel		13	Do	Blatt	
14	So	Wurzel		14	Di	Blüte		14	Fr	Frucht	
15	Mo	Wurzel		15	Mi	Blüte		15	Sa	Frucht	
16	Di	Blüte		16	Do	Blatt		16	So	Frucht	
17	Mi	Blüte		17	Fr	Blatt		17	Mo	Wurzel	
18	Do	Blüte		18	Sa	Frucht		18	Di ☽	Wurzel	
19	Fr	Blatt		19	So ☽	Frucht		19	Mi	Blüte	
20	Sa ☽	Blatt		20	Mo	Wurzel		20	Do	Blüte	
21	So	Frucht		21	Di	Wurzel		21	Fr	Blatt	
22	Mo	Frucht		22	Mi	Wurzel		22	Sa	Blatt	
23	Di	Wurzel		23	Do	Blüte		23	So	Frucht	
24	Mi	Wurzel		24	Fr	Blüte		24	Mo ☺ 22.43	Frucht	
25	Do	Blüte		25	Sa	Blatt		25	Di	Wurzel	
26	Fr	Blüte		26	So ☺ 12.52	Blatt		26	Mi	Wurzel	
27	Sa ☺ 04.01	Blatt		27	Mo	Frucht		27	Do	Blüte	
28	So	Blatt		28	Di	Frucht		28	Fr	Blüte	
29	Mo	Frucht		29	Mi	Wurzel		29	Sa	Blüte	
30	Di	Frucht		30	Do	Wurzel		30	So	Blatt	
				31	Fr	Blüte					

Mondkalender 2002

Juli

1	Mo	☽	Blatt	
2	Di		Frucht	
3	Mi		Frucht	
4	Do		Frucht	
5	Fr		Wurzel	
6	Sa		Wurzel	
7	So		Blüte	
8	Mo		Blüte	
9	Di		Blüte	
10	Mi	● 11.27	Blatt	
11	Do		Blatt	
12	Fr		Frucht	
13	Sa		Frucht	
14	So		Wurzel	
15	Mo		Wurzel	
16	Di		Blüte	
17	Mi	☽	Blüte	
18	Do		Blatt	
19	Fr		Blatt	
20	Sa		Frucht	
21	So		Frucht	
22	Mo		Wurzel	
23	Di		Wurzel	
24	Mi	☺ 10.08	Wurzel	
25	Do		Blüte	
26	Fr		Blüte	
27	Sa		Blatt	
28	So		Blatt	
29	Mo		Blatt	
30	Di		Frucht	
31	Mi		Frucht	

August

1	Do	☽	Wurzel	
2	Fr		Wurzel	
3	Sa		Wurzel	
4	So		Blüte	
5	Mo		Blüte	
6	Di		Blatt	
7	Mi		Blatt	
8	Do	● 20.16	Frucht	
9	Fr		Frucht	
10	Sa		Wurzel	
11	So		Wurzel	
12	Mo		Blüte	
13	Di		Blüte	
14	Mi		Blatt	
15	Do	☽	Blatt	
16	Fr		Frucht	
17	Sa		Frucht	
18	So		Frucht	
19	Mo		Wurzel	
20	Di		Wurzel	
21	Mi		Blüte	
22	Do	☺ 23.30	Blüte	
23	Fr		Blatt	
24	Sa		Blatt	
25	So		Blatt	
26	Mo		Frucht	
27	Di		Frucht	
28	Mi		Wurzel	
29	Do		Wurzel	
30	Fr		Wurzel	
31	Sa	☽	Blüte	

September

1	So		Blüte	
2	Mo		Blatt	
3	Di		Blatt	
4	Mi		Blatt	
5	Do		Frucht	
6	Fr		Frucht	
7	Sa	● 04.11	Wurzel	
8	So		Wurzel	
9	Mo		Blüte	
10	Di		Blüte	
11	Mi		Blatt	
12	Do		Blatt	
13	Fr	☽	Frucht	
14	Sa		Frucht	
15	So		Wurzel	
16	Mo		Wurzel	
17	Di		Blüte	
18	Mi		Blüte	
19	Do		Blüte	
20	Fr		Blatt	
21	Sa	☺ 15.00	Blatt	
22	So		Frucht	
23	Mo		Frucht	
24	Di		Frucht	
25	Mi		Wurzel	
26	Do		Wurzel	
27	Fr		Blüte	
28	Sa		Blüte	
29	So	☽	Blüte	
30	Mo		Blatt	

Mondkalender 2002

Oktober			November			Dezember		
1 Di	Blatt		**1** Fr	Wurzel		**1** So	Blüte	
2 Mi	Frucht		**2** Sa	Wurzel		**2** Mo	Blatt	
3 Do	Frucht		**3** So	Blüte		**3** Di	Blatt	
4 Fr	Wurzel		**4** Mo ● 21.36	Blüte		**4** Mi ● 08.35	Frucht	
5 Sa	Wurzel		**5** Di	Blatt		**5** Do	Frucht	
6 So ● 12.19	Blüte		**6** Mi	Blatt		**6** Fr	Wurzel	
7 Mo	Blüte		**7** Do	Frucht		**7** Sa	Wurzel	
8 Di	Blatt		**8** Fr	Frucht		**8** So	Blüte	
9 Mi	Blatt		**9** Sa	Wurzel		**9** Mo	Blüte	
10 Do	Frucht		**10** So	Wurzel		**10** Di	Blüte	
11 Fr	Frucht		**11** Mo ☽	Blüte		**11** Mi ☽	Blatt	
12 Sa	Wurzel		**12** Di	Blüte		**12** Do	Blatt	
13 So ☽	Wurzel		**13** Mi	Blatt		**13** Fr	Frucht	
14 Mo	Wurzel		**14** Do	Blatt		**14** Sa	Frucht	
15 Di	Blüte		**15** Fr	Blatt		**15** So	Frucht	
16 Mi	Blüte		**16** Sa	Frucht		**16** Mo	Wurzel	
17 Do	Blatt		**17** So	Frucht		**17** Di	Wurzel	
18 Fr	Blatt		**18** Mo	Wurzel		**18** Mi	Blüte	
19 Sa	Frucht		**19** Di	Wurzel		**19** Do ☺ 20.11	Blüte	
20 So	Frucht		**20** Mi ☺ 02.35	Wurzel		**20** Fr	Blatt	
21 Mo ☺ 08.21	Frucht		**21** Do	Blüte		**21** Sa	Blatt	
22 Di	Wurzel		**22** Fr	Blüte		**22** So	Blatt	
23 Mi	Wurzel		**23** Sa	Blatt		**23** Mo	Frucht	
24 Do	Wurzel		**24** So	Blatt		**24** Di	Frucht	
25 Fr	Blüte		**25** Mo	Blatt		**25** Mi	Wurzel	
26 Sa	Blüte		**26** Di	Frucht		**26** Do	Wurzel	
27 So	Blatt		**27** Mi ☾	Frucht		**27** Fr ☾	Blüte	
28 Mo	Blatt		**28** Do	Wurzel		**28** Sa	Blüte	
29 Di ☾	Frucht		**29** Fr	Wurzel		**29** So	Blatt	
30 Mi	Frucht		**30** Sa	Blüte		**30** Mo	Blatt	
31 Do	Wurzel					**31** Di	Frucht	

Mondkalender 2003

Januar

Tag		Phase		
1	Mi		Frucht	
2	Do	🌑 21.24	Wurzel	
3	Fr		Wurzel	
4	Sa		Wurzel	
5	So		Blüte	
6	Mo		Blüte	
7	Di		Blatt	
8	Mi		Blatt	
9	Do		Frucht	
10	Fr	🌓	Frucht	
11	Sa		Frucht	
12	So		Wurzel	
13	Mo		Wurzel	
14	Di		Blüte	
15	Mi		Blüte	
16	Do		Blüte	
17	Fr		Blatt	
18	Sa	🌕 11.49	Blatt	
19	So		Frucht	
20	Mo		Frucht	
21	Di		Wurzel	
22	Mi		Wurzel	
23	Do		Blüte	
24	Fr		Blüte	
25	Sa	🌗	Blüte	
26	So		Blatt	
27	Mo		Blatt	
28	Di		Frucht	
29	Mi		Frucht	
30	Do		Wurzel	
31	Fr		Wurzel	

Februar

Tag		Phase		
1	Sa	🌑 11.49	Blüte	
2	So		Blüte	
3	Mo		Blatt	
4	Di		Blatt	
5	Mi		Blatt	
6	Do		Frucht	
7	Fr		Frucht	
8	Sa		Wurzel	
9	So	🌓	Wurzel	
10	Mo		Wurzel	
11	Di		Blüte	
12	Mi		Blüte	
13	Do		Blatt	
14	Fr		Blatt	
15	Sa		Blatt	
16	So		Frucht	
17	Mo	🌕 00.52	Frucht	
18	Di		Wurzel	
19	Mi		Wurzel	
20	Do		Blüte	
21	Fr		Blüte	
22	Sa		Blatt	
23	So	🌗	Blatt	
24	Mo		Frucht	
25	Di		Frucht	
26	Mi		Wurzel	
27	Do		Wurzel	
28	Fr		Blüte	

März

Tag		Phase		
1	Sa		Blüte	
2	So		Blüte	
3	Mo	🌑 3.36	Blatt	
4	Di		Blatt	
5	Mi		Frucht	
6	Do		Frucht	
7	Fr		Frucht	
8	Sa		Wurzel	
9	So		Wurzel	
10	Mo		Blüte	
11	Di	🌓	Blüte	
12	Mi		Blüte	
13	Do		Blatt	
14	Fr		Blatt	
15	Sa		Frucht	
16	So		Frucht	
17	Mo		Wurzel	
18	Di	🌕 11.36	Wurzel	
19	Mi		Blüte	
20	Do		Blüte	
21	Fr		Blatt	
22	Sa		Blatt	
23	So		Frucht	
24	Mo		Frucht	
25	Di	🌗	Wurzel	
26	Mi		Wurzel	
27	Do		Wurzel	
28	Fr		Blüte	
29	Sa		Blüte	
30	So		Blatt	
31	Mo		Blatt	

Mondkalender 2003

April				Mai				Juni			
1	Di	🌑 20.20	*Frucht*	**1**	Do	🌑 13.16	*Wurzel*	**1**	So		*Blüte*
2	Mi		*Frucht*	**2**	Fr		*Wurzel*	**2**	Mo		*Blatt*
3	Do		*Frucht*	**3**	Sa		*Wurzel*	**3**	Di		*Blatt*
4	Fr		*Wurzel*	**4**	So		*Blüte*	**4**	Mi		*Blatt*
5	Sa		*Wurzel*	**5**	Mo		*Blüte*	**5**	Do		*Frucht*
6	So		*Blüte*	**6**	Di		*Blatt*	**6**	Fr		*Frucht*
7	Mo		*Blüte*	**7**	Mi		*Blatt*	**7**	Sa	🌙	*Wurzel*
8	Di		*Blüte*	**8**	Do		*Blatt*	**8**	So		*Wurzel*
9	Mi	🌙	*Blatt*	**9**	Fr	🌙	*Frucht*	**9**	Mo		*Blüte*
10	Do		*Blatt*	**10**	Sa		*Frucht*	**10**	Di		*Blüte*
11	Fr		*Frucht*	**11**	So		*Wurzel*	**11**	Mi		*Blatt*
12	Sa		*Frucht*	**12**	Mo		*Wurzel*	**12**	Do		*Blatt*
13	So		*Frucht*	**13**	Di		*Blüte*	**13**	Fr		*Frucht*
14	Mo		*Wurzel*	**14**	Mi		*Blüte*	**14**	Sa	🙂 12.17	*Frucht*
15	Di		*Wurzel*	**15**	Do		*Blatt*	**15**	So		*Wurzel*
16	Mi	🙂 20.37	*Blüte*	**16**	Fr	🙂 04.37	*Blatt*	**16**	Mo		*Wurzel*
17	Do		*Blüte*	**17**	Sa		*Frucht*	**17**	Di		*Wurzel*
18	Fr		*Blatt*	**18**	So		*Frucht*	**18**	Mi		*Blüte*
19	Sa		*Blatt*	**19**	Mo		*Wurzel*	**19**	Do		*Blüte*
20	So		*Frucht*	**20**	Di		*Wurzel*	**20**	Fr		*Blatt*
21	Mo		*Frucht*	**21**	Mi		*Blüte*	**21**	Sa	🌓	*Blatt*
22	Di		*Wurzel*	**22**	Do		*Blüte*	**22**	So		*Frucht*
23	Mi	🌓	*Wurzel*	**23**	Fr	🌓	*Blatt*	**23**	Mo		*Frucht*
24	Do		*Blüte*	**24**	Sa		*Blatt*	**24**	Di		*Frucht*
25	Fr		*Blüte*	**25**	So		*Blatt*	**25**	Mi		*Wurzel*
26	Sa		*Blatt*	**26**	Mo		*Frucht*	**26**	Do		*Wurzel*
27	So		*Blatt*	**27**	Di		*Frucht*	**27**	Fr		*Blüte*
28	Mo		*Blatt*	**28**	Mi		*Wurzel*	**28**	Sa		*Blüte*
29	Di		*Frucht*	**29**	Do		*Wurzel*	**29**	So	🌑 19.40	*Blüte*
30	Mi		*Frucht*	**30**	Fr		*Wurzel*	**30**	Mo		*Blatt*
				31	Sa	🌑 05.21	*Blüte*				

Mondkalender 2003

Juli

Tag		Element	
1	Di	Blatt	
2	Mi	Frucht	
3	Do	Frucht	
4	Fr	Wurzel	
5	Sa	Wurzel	
6	So	Wurzel	
7	Mo ☽	Blüte	
8	Di	Blüte	
9	Mi	Blatt	
10	Do	Blatt	
11	Fr	Frucht	
12	Sa	Frucht	
13	So 🌕 20.22	Wurzel	
14	Mo	Wurzel	
15	Di	Blüte	
16	Mi	Blüte	
17	Do	Blatt	
18	Fr	Blatt	
19	Sa	Frucht	
20	So	Frucht	
21	Mo ☾	Frucht	
22	Di	Wurzel	
23	Mi	Wurzel	
24	Do	Blüte	
25	Fr	Blüte	
26	Sa	Blüte	
27	So	Blatt	
28	Mo	Blatt	
29	Di 🌑 07.54	Frucht	
30	Mi	Frucht	
31	Do	Frucht	

August

Tag		Element	
1	Fr	Wurzel	
2	Sa	Wurzel	
3	So	Blüte	
4	Mo	Blüte	
5	Di ☽	Blatt	
6	Mi	Blatt	
7	Do	Frucht	
8	Fr	Frucht	
9	Sa	Wurzel	
10	So	Wurzel	
11	Mo	Blüte	
12	Di 🌕 05.49	Blüte	
13	Mi	Blüte	
14	Do	Blatt	
15	Fr	Blatt	
16	Sa	Frucht	
17	So	Frucht	
18	Mo	Wurzel	
19	Di	Wurzel	
20	Mi ☾	Wurzel	
21	Do	Blüte	
22	Fr	Blüte	
23	Sa	Blatt	
24	So	Blatt	
25	Mo	Blatt	
26	Di	Frucht	
27	Mi 🌑 18.27	Frucht	
28	Do	Wurzel	
29	Fr	Wurzel	
30	Sa	Blüte	
31	So	Blüte	

September

Tag		Element	
1	Mo	Blatt	
2	Di	Blatt	
3	Mi ☽	Frucht	
4	Do	Frucht	
5	Fr	Wurzel	
6	Sa	Wurzel	
7	So	Wurzel	
8	Mo	Blüte	
9	Di	Blüte	
10	Mi 🌕 17.37	Blatt	
11	Do	Blatt	
12	Fr	Frucht	
13	Sa	Frucht	
14	So	Frucht	
15	Mo	Wurzel	
16	Di	Wurzel	
17	Mi	Blüte	
18	Do ☾	Blüte	
19	Fr	Blüte	
20	Sa	Blatt	
21	So	Blatt	
22	Mo	Frucht	
23	Di	Frucht	
24	Mi	Wurzel	
25	Do	Wurzel	
26	Fr 🌑 04.10	Blüte	
27	Sa	Blüte	
28	So	Blatt	
29	Mo	Blatt	
30	Di	Blatt	

Mondkalender 2003

Oktober					November					Dezember			
1	Mi		Frucht	🐟	1	Sa	☽	Blüte		1	Mo		Blatt	
2	Do	☽	Frucht	🐟	2	So		Blüte		2	Di		Blatt	
3	Fr		Wurzel		3	Mo		Blatt		3	Mi		Frucht	
4	Sa		Wurzel		4	Di		Blatt		4	Do		Frucht	
5	So		Blüte		5	Mi		Blatt		5	Fr		Wurzel	
6	Mo		Blüte		6	Do		Frucht		6	Sa		Wurzel	
7	Di		Blatt		7	Fr		Frucht		7	So		Wurzel	
8	Mi		Blatt		8	Sa		Wurzel		8	Mo	☺ 21.38	Blüte	
9	Do		Frucht		9	So	☺ 02.14	Wurzel		9	Di		Blüte	
10	Fr	☺ 08.29	Frucht		10	Mo		Wurzel		10	Mi		Blüte	
11	Sa		Frucht		11	Di		Blüte		11	Do		Blatt	
12	So		Wurzel		12	Mi		Blüte		12	Fr		Blatt	
13	Mo		Wurzel		13	Di		Blatt		13	Sa		Frucht	
14	Di		Blüte		14	Fr		Blatt		14	So		Frucht	
15	Mi		Blüte		15	Sa		Blatt		15	Mo		Wurzel	
16	Do		Blüte		16	So		Frucht		16	Di	☾	Wurzel	
17	Fr		Blatt		17	Mo	☾	Frucht		17	Mi		Wurzel	
18	Sa	☾	Blatt		18	Di		Wurzel		18	Do		Blüte	
19	So		Frucht		19	Mi		Wurzel		19	Fr		Blüte	
20	Mo		Frucht		20	Do		Blüte		20	Sa		Blatt	
21	Di		Frucht		21	Fr		Blüte		21	So		Blatt	
22	Mi		Wurzel		22	Sa		Blatt		22	Mo		Frucht	
23	Do		Wurzel		23	So	● 00.00	Blatt		23	Di	● 10.44	Frucht	
24	Fr		Blüte		24	Mo		Frucht		24	Mi		Wurzel	
25	Sa	● 13.51	Blüte		25	Di		Frucht		25	Do		Wurzel	
26	So		Blatt		26	Mi		Wurzel		26	Fr		Blüte	
27	Mo		Blatt		27	Do		Wurzel		27	Sa		Blüte	
28	Di		Frucht		28	Fr		Blüte		28	So		Blatt	
29	Mi		Frucht		29	Sa		Blüte		29	Mo		Blatt	
30	Do		Wurzel		30	So	☽	Blüte		30	Di	☽	Frucht	
31	Fr		Wurzel							31	Mi		Frucht	

Mondkalender 2004

Januar | Februar | März

Januar				Februar				März			
1	Do	Frucht		1	So		Blüte	1	Mo		Blatt
2	Fr	Wurzel		2	Mo		Blüte	2	Di		Blatt
3	Sa	Wurzel		3	Di		Blatt	3	Mi		Blatt
4	So	Blüte		4	Mi		Blatt	4	Do		Frucht
5	Mo	Blüte		5	Do		Blatt	5	Fr		Frucht
6	Di	Blüte		6	Fr	☺ 09.48	Frucht	6	Sa		Wurzel
7	Mi	☺ 16.41	Blatt	7	Sa		Frucht	7	So	☺ 00.15	Wurzel
8	Do	Blatt		8	So		Wurzel	8	Mo		Blüte
9	Fr	Frucht		9	Mo		Wurzel	9	Di		Blüte
10	Sa	Frucht		10	Di		Blüte	10	Mi		Blüte
11	So	Frucht		11	Mi		Blüte	11	Do		Blatt
12	Mo	Wurzel		12	Do		Blatt	12	Fr		Blatt
13	Di	Wurzel		13	Fr	☾	Blatt	13	Sa	☾	Frucht
14	Mi	Blüte		14	Sa		Frucht	14	So		Frucht
15	Do	☾	Blüte	15	So		Frucht	15	Mo		Wurzel
16	Fr	Blatt		16	Mo		Frucht	16	Di		Wurzel
17	Sa	Blatt		17	Di		Wurzel	17	Mi		Blüte
18	So	Frucht		18	Mi		Wurzel	18	Do		Blüte
19	Mo	Frucht		19	Do		Blüte	19	Fr		Blatt
20	Di	Wurzel		20	Fr	● 10.19	Blüte	20	Sa	● 23.42	Blatt
21	Mi	● 22.06	Wurzel	21	Sa		Blatt	21	So		Frucht
22	Do	Blüte		22	So		Blatt	22	Mo		Frucht
23	Fr	Blüte		23	Mo		Frucht	23	Di		Frucht
24	Sa	Blatt		24	Di		Frucht	24	Mi		Wurzel
25	So	Blatt		25	Mi		Wurzel	25	Do		Wurzel
26	Mo	Blatt		26	Do		Wurzel	26	Fr		Blüte
27	Di	Frucht		27	Fr		Wurzel	27	Sa		Blüte
28	Mi	Frucht		28	Sa	☽	Blüte	28	So	☽	Blüte
29	Do	☽	Wurzel	29	So		Blüte	29	Mo		Blatt
30	Fr	Wurzel						30	Di		Blatt
31	Sa	Wurzel						31	Mi		Frucht

Mondkalender 2004

April			Mai			Juni		
1 Do	Frucht		1 Sa	Wurzel		1 Di	Blatt	
2 Fr	Frucht		2 So	Blüte		2 Mi	Blatt	
3 Sa	Wurzel		3 Mo	Blüte		3 Do ☺ 05.21	Frucht	
4 So	Wurzel		4 Di ☺ 21.35	Blatt		4 Fr	Frucht	
5 Mo ☺ 12.04	Blüte		5 Mi	Blatt		5 Sa	Wurzel	
6 Di	Blüte		6 Do	Frucht		6 So	Wurzel	
7 Mi	Blatt		7 Fr	Frucht		7 Mo	Blüte	
8 Do	Blatt		8 Sa	Wurzel		8 Di	Blüte	
9 Fr	Frucht		9 So	Wurzel		9 Mi ☾	Blatt	
10 Sa	Frucht		10 Mo	Blüte		10 Do	Blatt	
11 So ☾	Wurzel		11 Di	Blüte		11 Fr	Frucht	
12 Mo	Wurzel		12 Mi ☾	Blüte		12 Sa	Frucht	
13 Di	Blüte		13 Do	Blatt		13 So	Frucht	
14 Mi	Blüte		14 Fr	Blatt		14 Mo	Wurzel	
15 Do	Blatt		15 Sa	Frucht		15 Di	Wurzel	
16 Fr	Blatt		16 So	Frucht		16 Mi	Blüte	
17 Sa	Blatt		17 Mo	Wurzel		17 Do ☻ 21.28	Blüte	
18 So	Frucht		18 Di	Wurzel		18 Fr	Blüte	
19 Mo ☻ 14.22	Frucht		19 Mi ☻ 5.53	Wurzel		19 Sa	Blatt	
20 Di	Wurzel		20 Do	Blüte		20 So	Blatt	
21 Mi	Wurzel		21 Fr	Blüte		21 Mo	Frucht	
22 Do	Wurzel		22 Sa	Blatt		22 Di	Frucht	
23 Fr	Blüte		23 So	Blatt		23 Mi	Frucht	
24 Sa	Blüte		24 Mo	Blatt		24 Do	Wurzel	
25 So	Blatt		25 Di	Frucht		25 Fr ☽	Wurzel	
26 Mo	Blatt		26 Mi	Frucht		26 Sa	Blüte	
27 Di ☽	Blatt		27 Do ☽	Wurzel		27 So	Blüte	
28 Mi	Frucht		28 Fr	Wurzel		28 Mo	Blatt	
29 Do	Frucht		29 Sa	Wurzel		29 Di	Blatt	
30 Fr	Wurzel		30 So	Blüte		30 Mi	Frucht	
			31 Mo	Blüte				

Mondkalender 2004

Juli			August			September		
1 Do	Frucht		1 So	Blüte		1 Mi	Frucht	
2 Fr 🌙 12.10	Wurzel		2 Mo	Blüte		2 Do	Frucht	
3 Sa	Wurzel		3 Di	Blatt		3 Fr	Frucht	
4 So	Blüte		4 Mi	Blatt		4 Sa	Wurzel	
5 Mo	Blüte		5 Do	Frucht		5 So	Wurzel	
6 Di	Blatt		6 Fr	Frucht		6 Mo ☾	Blüte	
7 Mi	Blatt		7 Sa ☾	Wurzel		7 Di	Blüte	
8 Do	Frucht		8 So	Wurzel		8 Mi	Blatt	
9 Fr ☾	Frucht		9 Mo	Wurzel		9 Do	Blatt	
10 Sa	Frucht		10 Di	Blüte		10 Fr	Blatt	
11 So	Wurzel		11 Mi	Blüte		11 Sa	Frucht	
12 Mo	Wurzel		12 Do	Blatt		12 So	Frucht	
13 Di	Blüte		13 Fr	Blatt		13 Mo	Wurzel	
14 Mi	Blüte		14 Sa	Blatt		14 Di 🌑 15.30	Wurzel	
15 Do	Blüte		15 So	Frucht		15 Mi	Wurzel	
16 Fr	Blatt		16 Mo 🌑 02.25	Frucht		16 Do	Blüte	
17 Sa 🌑 12.25	Blatt		17 Di	Wurzel		17 Fr	Blüte	
18 So	Frucht		18 Mi	Wurzel		18 Sa	Blatt	
19 Mo	Frucht		19 Do	Blüte		19 So	Blatt	
20 Di	Frucht		20 Fr	Blüte		20 Mo	Frucht	
21 Mi	Wurzel		21 Sa	Blüte		21 Di 🌓	Frucht	
22 Do	Wurzel		22 So	Blatt		22 Mi	Wurzel	
23 Fr	Blüte		23 Mo 🌓	Blatt		23 Do	Wurzel	
24 Sa	Blüte		24 Di	Frucht		24 Fr	Blüte	
25 So 🌓	Blatt		25 Mi	Frucht		25 Sa	Blüte	
26 Mo	Blatt		26 Do	Wurzel		26 So	Blatt	
27 Di	Blatt		27 Fr	Wurzel		27 Mo	Blatt	
28 Mi	Frucht		28 Sa	Blüte		28 Di 🌙 14.10	Blatt	
29 Do	Frucht		29 So	Blüte		29 Mi	Frucht	
30 Fr	Wurzel		30 Mo 🌙 03.23	Blatt		30 Do	Frucht	
31 Sa 🌙 19.06	Wurzel		31 Di	Blatt				

Mondkalender 2004

Oktober				November				Dezember			
1	Fr	Wurzel		1	Mo	Blüte		1	Mi	Blatt	
2	Sa	Wurzel		2	Di	Blatt		2	Do	Frucht	
3	So	Blüte		3	Mi	Blatt		3	Fr	Frucht	
4	Mo	Blüte		4	Do	Blatt		4	Sa	Wurzel	
5	Di	Blüte		5	Fr ☾	Frucht		5	So ☾	Wurzel	
6	Mi ☾	Blatt		6	Sa	Frucht		6	Mo	Wurzel	
7	Do	Blatt		7	So	Wurzel		7	Di	Blüte	
8	Fr	Frucht		8	Mo	Wurzel		8	Mi	Blüte	
9	Sa	Frucht		9	Di	Blüte		9	Do	Blatt	
10	So	Frucht		10	Mi	Blüte		10	Fr	Blatt	
11	Mo	Wurzel		11	Do	Blüte		11	Sa	Frucht	
12	Di	Wurzel		12	Fr 😊 15.28	Blatt		12	So 😊 02.30	Frucht	
13	Mi	Blüte		13	Sa	Blatt		13	Mi	Wurzel	
14	Do 😊 03.49	Blüte		14	So	Frucht		14	Di	Wurzel	
15	Fr	Blatt		15	Mo	Frucht		15	Mi	Blüte	
16	Sa	Blatt		16	Di	Wurzel		16	Do	Blüte	
17	So	Frucht		17	Mi	Wurzel		17	Fr	Blatt	
18	Mo	Frucht		18	Do	Blüte		18	Sa ☽	Blatt	
19	Di	Wurzel		19	Fr ☽	Blüte		19	So	Frucht	
20	Mi ☽	Wurzel		20	Sa	Blatt		20	Mo	Frucht	
21	Do	Wurzel		21	So	Blatt		21	Di	Frucht	
22	Fr	Blüte		22	Mo	Frucht		22	Mi	Wurzel	
23	Sa	Blüte		23	Di	Frucht		23	Do	Wurzel	
24	So	Blatt		24	Mi	Frucht		24	Fr	Blüte	
25	Mo	Blatt		25	Do	Wurzel		25	Sa	Blüte	
26	Di	Frucht		26	Fr 😌 21.08	Wurzel		26	So 😌 16.07	Blüte	
27	Mi	Frucht		27	Sa	Blüte		27	Mo	Blatt	
28	Do 😌 04.08	Wurzel		28	So	Blüte		28	Di	Blatt	
29	Fr	Wurzel		29	Mo	Blatt		29	Mi	Frucht	
30	Sa	Wurzel		30	Di	Blatt		30	Do	Frucht	
31	So	Blüte						31	Fr	Frucht	

Die Autoren

Sophia und Johannes Baader sind beide Biologen. Sophia Baader hat sich einen Namen als Expertin für die Sanierung umweltbelasteter Böden gemacht.

Johannes Baader arbeitet seit langem als Autor für Gartenbücher und als Redakteur für Naturdokumentationen im Fernsehen.

Haftungsausschluss

Die Inhalte dieses Buches sind sorgfältig recherchiert und erarbeitet worden. Dennoch kann weder der Autor noch der Verlag für die Angaben in diesem Buch eine Haftung übernehmen.

Meise

Impressum

Es ist nicht gestattet, Abbildungen und Texte dieses Buches zu digitalisieren, auf PCs oder CDs zu speichern oder auf PCs/Computern zu verändern oder einzeln oder zusammen mit anderen Bildvorlagen/Texten zu manipulieren, es sei denn mit schriftlicher Genehmigung des Verlages.

Weltbild Buchverlag

© 1999 Weltbild Verlag GmbH, Augsburg

Alle Rechte vorbehalten

Redaktion: Martha von Braunfels
Umschlag: Peter Gross, München
Layout: Fischer's DTP-Studio, München
Illustrationen: Beate Brömse, München
Layoutrealisation/DTP: AVAK Publikationsdesign, München
Reproduktion: Repro Mayr, Donauwörth
Druck und Bindung: Offizin Andersen Nexö – ein Betrieb der INTERDRUCK Graphischer Großbetrieb GmbH, Leipzig

Gedruckt auf chlorfrei gebleichtem Papier

Printed in Germany

ISBN 3-89604-668-3

Stichwortverzeichnis

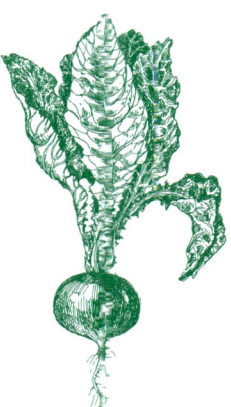

Radieschen

Stichwortverzeichnis

Karotte